신채호

글쓴이 최인영

1961년 강원도 강릉에서 태어나고 자랐다. 동국대학교에서 우리 역사를, 같은 학교 대학원에서 문예창작을 공부했다. 1996년에 아동문예문학상을 받으면서 동화작가로 활동하기 시작하였으며 1997년에는 계몽아동문학상을 받았다. 현재 한국문인협회, 한국아동문학인협회 회원으로 있으며, 지은 책으로는 《천년 와불의 비밀》《깜북이 가방 안에 토끼밭》《왕산을 지킨 아이들》들이 있다.

감수자 김광운

경기도 시흥에서 태어나 한양대학교 사학과와 같은 학교 대학원을 졸업했다. 현재 국사편찬위원회에 재직 중이며, 한겨레통일문화연구소 연구위원, 민주화운동기념사업회 자문위원으로 활동하고 있다. 한양대학교와 한신대학교, 조선대학교, 서울교육대학교 등지에서 학생들을 가르치고 있다. 지은 책으로는 《통일 독립의 현대사》들이 있다.

신채호
우리가 잊지 말아야 할 독립운동가 4

3판 1쇄 인쇄 | 2019년 7월 30일
3판 1쇄 발행 | 2019년 8월 5일

지 은 이 | 최인영
감 수 자 | 김광운
펴 낸 이 | 정중모
펴 낸 곳 | 파랑새
등   록 | 1988년 1월 21일 (제406-2000-000202호)
주   소 | 경기도 파주시 회동길 152
전   화 | 031-955-0670 팩   스 | 031-955-0661~2
홈페이지 | www.bbchild.co.kr
전자우편 | bbchild@yolimwon.com

ⓒ 파랑새, 2003, 2007, 2019
ISBN 978-89-6155-854-9 74910
      978-89-6155-850-1 (세트)

• 책값은 뒤표지에 있습니다.
• 출판사의 허락 없이 이 책의 일부 또는 전체를 인용하거나 발췌하는 것을 금합니다.
• 본 도서는 파랑새 〈인물로 보는 한국사〉 시리즈와 동일한 도서입니다.

어린이제품안전특별법에 의한 제품 표시
제조자명 파랑새 | 제조년월 2019년 8월 | 제조국 대한민국 | 사용연령 10세 이상

신채호

최인영 글 | 김광운 감수

파랑새

추천사
삶의 등대가 되어 주는 역사 인물

'도로시'라는 미국의 교육학자는 '아이들은 사는 것을 배운다'라는 유명한 시를 남겼습니다. 그 내용은 다음과 같습니다.

만일 아이가 나무람 속에서 자라면 비난을 배웁니다.
만일 아이가 적개심 속에서 자라면 싸우는 것을 배웁니다.
만일 아이가 비웃음 속에서 자라면 부끄러움을 배웁니다.
만일 아이가 수치심 속에서 자라면 죄의식을 배웁니다.
만일 아이가 관대함 속에서 자라면 신뢰를 배웁니다.
만일 아이가 격려 속에서 자라면 고마움을 배웁니다.
만일 아이가 공평함 속에서 자라면 정의를 배웁니다.
만일 아이가 인정 속에서 자라면 자기 자신을 좋아하는 것을 배웁니다.
만일 아이가 받아들임과 우정 속에서 자라면 세상에서 사랑을 배우게 됩니다.

이 아름다운 시처럼 우리들의 아이들은 끊임없이 세상에서 무엇인가 배우고 있습니다. 자라나는 아이들에게 사는 것을 배우게 하는 가장 좋은 방법은 무엇일까요? 그것은 아마도 우리나라가 낳은 조상들 중에서 훌륭한 업적을 이룩하신 역사적 인물들을 배우고 그 인물들을 통해서 그들의 애국심과 남다른 인격을 본받는 것입니다. 지금까지 어린 아이들을 대상으로 하는 위인전은 많이 있었지만 이번에 발간한 인물 이야기처럼 이제 막 인격이 성숙하기 시작하는 초등학교 고학년에서부터 사춘기에 이르는 중학생을 상대로 한 인물 역사책은 거의 없었던 것으로 알고 있습니다. 사실 이런 책들은 역사를 인식하고 역사적 인물을 이해할 수 있는 연령을 대상으로 하였을 때, 비로소 그 빛을 볼 수 있다고 생각합니다.
　꼭 알아야 할 역사적 인물을 선정해서 발간하는 이 책은 우리 아이들에게 무한한 자부심과 희망과 꿈을 키워 줄 것입니다.
　그리고 이 책은 역사학자들의 철저한 감수와 고증을 거쳐 역사적 사실이 흥미 위주로 과장되거나 주관적인 해석으로 왜곡되지 않고 정확하게 전달되도록 온 힘을 기울였습니다.
　존경하는 인물을 한 사람 가슴에 품고 자라난 아이들은 가슴 속에 하나의 등대를 갖고 있는 항해사와 같습니다. 아이들의 먼 인생 항로에서 언제나 꺼지지 않는 등불이 되어 절망과 역경에 이르렀을 때도 그 앞길을 밝혀 주는 희망의 등불이 될 것입니다.
　자라나는 아이들은 미래의 희망입니다. 그들에게 사는 것을 가르치기 위해서는 아이들이 살아갈 조국, 내 나라 내 땅을 위해 땀과 피와 목숨을 바친 훌륭한 역사적 인물들의 씨앗을 우리 아이들의 가슴 속에 뿌려 주는 일일 것입니다. 그 씨앗은 아이들 가슴 속에서 무럭무럭 자라나 마침내 아름다운 꽃과 무성한 열매를 맺게 될 것임을 저는 의심치 않습니다.

이어령 전 문화부 장관

지은이의 말

우리는 역사 속에서 훌륭한 인물을 많이 봅니다. 민족적으로 유례없는 위기와 수난의 시기였던 구한말에서 일제 강점기에는 특히 그렇습니다. 각기 타고난 개성으로 주어진 조건과 환경 속에서 뜻있는 역할을 한 이는 헤아릴 수 없을 정도입니다. 그러나 신채호 선생만큼 초지일관 투철하게 삶을 산 역사적 인물을 만나기는 어렵습니다.

신채호 선생의 일생은 그의 호 '단재'가 의미하는 것처럼 일편단생(一片丹生)이었습니다. 오로지 한길, 조국 독립과 민족사를 바로 세우기 위해 분투하는 삶이었지요. 일제의 압박에 절대 굴하지 않았고, 독립 노선의 원칙에 어긋나거나 민족적 자존심을 해치는 모든 것에 굽히지 않았습니다. 그로 인한 고통이나 역경은 달게 여겼고, 자신의 행복은 단호히 던져 버렸습니다. 부나 권력, 명예 따위는 감히 끼어들지 못했답니다.

선생은 이론을 세우면 반드시 실천하는 분이었습니다. 그래서 사상이나 학문, 행동은 변모를 거듭했습니다. 전통적인 유학을 공부했지만 신학문을 수용하고, 언론인, 애국 계몽 운동가, 역사학자, 교육자, 독립 운동가로 뛰었습니다. 철저한 민족주의를 부르짖으면서 무정부주의를 받아들였습니다. 이런 변화들은 조국의 식민지 현실을 극복하려는 한결같은 노력이었습니다.

그분에게 민족을 떠나서는 그 어느 것도 중요하지 않았습니다. 선생이 역사학자로 나서게 된 동기도, 민족의 자주성을 확립하여 독립을 실현하기 위해서였습니다. 나라는 망했어도 민족의 역사가 존재하는 한 독립 투쟁은 중단될 수 없으며, 결국엔 그 원동력으로 독립을 쟁취할 거라는 신념 때문이었습니다.

충청도 두메 도림 마을에서 태어나, 만주 뤼순 감옥에서 눈을 감을 때까지 선생의 일생은 가난과 불행의 연속이었습니다. 하지만 그것에 지배당하지 않고 늘 과감하게 도전하고 저항했습니다.

신채호 선생은, 역사의 주체는 '나 자신'임을 온몸으로 실천한 분입니다.

나는 섣불리, 여러분에게 무얼 본받아라, 배우라고 말하지 않겠습니다. 지금 그분을 만나, 여러분이 바로 이 시대의 주체라는 사실을 느끼기를 바랍니다.

최인영

차례

추천사 4
지은이의 말 8

1. 고두미 마을의 신동 12
2. 멎을 줄 모르는 풍파 26
3. 서방님은 책벌레 36
4. 성균관 유학 시절 51
5. 회오리바람에 맞서 64
6. 민족의 심장을 치는 한 자루 붓 75
7. 순수한 고집불통 89
8. 정처 없는 망명길 101

9. 첫 망명지, 얼어붙은 블라디보스토크   112
10. 단재다운 단재만의 단재식   122
11. 민족의 혼을 되살리련다   132
12. 이해하기 힘든 사람   147
13. 대망의 상하이 임시 정부   156
14. 베이징에서 새 출발을   168
15. 외로운 혁명가   181
16. 쉬지 않고 불타는 독립의 횃불   195
17. 비장한 변신   206
18. 철창 속 몸부림   216
19. 죽어서도 묻힐 곳 없어라   227

1. 고두미 마을의 신동

 도저히 누워 있을 수가 없었다. 잠을 붙들려고 하도 엎치락뒤치락 씨름을 해서, 이젠 몸이 뒤틀렸다. 채호는 돌아누운 형을 지분거리다가, 할 수 없이 자리에서 빠져나왔다.

 방을 나서자 싸한 밤 공기가 몸을 휘감았다. 사방이 캄캄했다. 눈 아래로 들어오던 마을이, 지금은 지붕 하나도 보이지 않았다.

 '아유, 배고파…….'

 채호는 마루 끝에 쪼그리고 앉아 두 팔로 배를 끌어안았다. 하늘에서 금세 수많은 잔별이 깜빡깜빡 눈짓을 해댔다. 별들은 서로 알은체를 하느라 앞다투어 빛을 뿌렸다. 채호는 고개를 바짝 젖혔다. 그렇게 하고 있으면, 몸이 붕 떠올라 별들 사이를 둥둥 떠다니게 될 것이다.

 그때였다.

 "야, 잠 안 잘 거니?"

 목이 절반쯤 잠겨서 까슬까슬한 소리가 났다.

 채호는 퍼뜩 고개를 돌렸다. 형, 재호였다. 꿈쩍도 하지 않고 웅크리고 있기에 곤히 잠든 줄 알았는데, 그게 아니었던 모양이다.

"너 자꾸 이러면 도깨비한테 홀린다. 혼을 뺏긴단 말야. 혹시 벌써 도깨비 뿔 난 거 아냐?"

재호는 한 손을 뻗어 채호의 정수리를 숙숙 문질렀다. 채호는 시큰둥했다. 형이 일부러 장난을 걸어 주는 걸 모르지 않을 텐데 말이다. 재호가 이내 시들해졌다.

둘은 나란히 앉아서 하늘에다 눈길을 두었다.

"형님, 저기 저 별이 아버지 별나라일까? 제일 크고 빛나는 거 말야."

"글쎄, 어질고 정이 많으셨으니까 좋은 별에 계시겠지."

"맞아. ……그런데 별나라에선 무얼 먹지? 별떡, 별탕, 별죽, 아니 죽은 없을 거야."

채호가 침을 꼴깍 삼켰다. 짙은 어둠조차도 앙상하게 야윈 몸을 다 가리지는 못했다. 에이! 재호는 들릴 듯 말 듯 한숨 섞인 신음 소리를 냈다. 모두 잠든 한밤중에 배가 고파 잠을 못 자는 자신들이 처량한 것이다. 그러나 재호는 이내 마음을 다잡았다. 일곱 살짜리 동생 앞에서 여덟 살이나 위인 형이 덩달아 약해질 수는 없었다.

"채호야, 아버님이 하늘에서 보시면 '우리 막내, 왜 잠 안 잘고?' 걱정하실 거야. 들어가자."

"싫어. 잠이 안 와. 억지로 눈을 감으니까 더 배고프단 말야."

"쉿! 할아버님 깨셔. ……그럼 형이랑 물 마시러 갈래?"

재호는 슬그머니 등을 들이대었다.

채호는 해죽이 웃으며 등에 담쏙 매달렸다.

둘은 물을 한 바가지씩 들이키고 방으로 돌아왔다. 하지만 잠이 쉽게 올 리 없었다. 뱃속 가득 물이 출렁거리는데도 허기가 가라앉지 않았다.

"형니임, 자? 배 안 고파, 응?"

채호는 형 뒤로 굴러 가 등에다 얼굴을 문질렀다.

눈을 꼭 감은 채 재호가 어금니를 뭉긋이 물었다. 오늘 먹은 거라곤 멀건 콩죽 두 사발뿐이었다. 한창인 나이에 턱없이 부족한 양이었다. 하지만 아버지가 돌아가신 얼마 전부터는 아예 굶거나 콩죽 한 사발로 견디는 날도 많았으니, 그나마 나은 편이었다.

재호는 휙 돌아누웠다. 형제의 얼굴이 닿을 듯 가까워졌다.

"우리 이사 온 지 며칠 됐는데, 여기 어때? 전에 우리가 살던 도림 마실하고……."

갑자기 엉뚱한 걸 물은 것은 동생의 관심거리를 바꿔 볼 요량이었다. 역시 어린아이라 예상대로 채호가 쉽게 이야기에 끌려들었다.

"도림 마실은 별로야. 아버지가 돌아가셔서 더 싫어."

"그래, 거기선 고생만 했어. 여기 고두미 마실엔 친지들이 계시니까 든든하더라."

"응, 여기가 원래 우리 고향이래. 할아버지가 그러셨어. 마을이 거의 다 신씨인 거 형 알아?"

채호가 알은체를 했다. 이때, 쭈룩 꾸르륵 물 흐르는 소리가 났다.

뱃속에서 물이 요란하게 장을 타고 내려가는 모양이었다. 채호는 형 배를 툭툭 치며 키득거렸다.

"조금만 더 참아. 알았지? 할아버님이 이제 서당을 여셨으니까 형편이 나아질 거야."

재호가 부드럽게 채호의 뺨을 어루만졌다.

"응, 형님. 얼른 콩죽 많이많이 먹는 날 왔으면 좋겠어."

채호 목소리가 훨씬 팔팔해졌다. 그저 배불리 먹을 생각만으로도 신이 나는 모양이었다. 쌀밥은 아예 잊어버린 동생을 보니, 재호는 마음이 무거웠다.

'속히 가문을 일으켜야 해. 그래서 채호도 돌보고, 할아버님 짐도 덜어 드려야 하는데……'

고령 신씨인 이들 집안은 대대로 문과에 급제하여 온 양반이었다. 선조 중에는 고려의 대신을 지낸 신덕린이나, 조선 세종 때 학자인 신숙주 등 빛나는 선비가 많았다. 할아버지 신성우도 사간원의 정6품 정언 벼슬에 올랐다. 그러나 당시는 안동 김씨의 세도 정치가 판을 치던 때라, 관직을 사고 파는 일이 흔했다. 관리들은 자기 욕심을 채우기 위해 부정을 저지르기 일쑤였다. 강직하고 올곧은 할아버지는 이런 풍토에서 견딜 수가 없었다. 그래서 일찍이 벼슬을 그만두고 말았다. 아버지 신광식도 글재주는 있었지만 이름을 떨치지는 못했다. 자연히 집안은 급격히 몰락하였다. 신채호가 태어난 1880년, 이들은 할머니 집안이 있는 대전 근방의 산내면 안동 권씨촌 외딴 묘막에 빌붙

어 살았다.

　몹시 가난하지만 아버지는 아들 둘을 가르치는 데 공을 들였다. 못 이룬 자신의 꿈까지 아이들에게 걸었던 것이다. 그러나 신채호가 일곱 살 때 아버지가 졸지에 세상을 떠나고 말았다. 서른일곱의 젊은 나이였다. 가족들은 살길이 막막했다. 할아버지는 마침내 이사를 결정했다. 일가 친척들이 모여 사는 고향 마을이 생계를 꾸리기에 나을 거라 여긴 것이었다. 그곳이 바로 청주에서 조금 떨어진 청원군 낭성면 귀래리

고두미였다.

  고두미는 골짜기 깊숙이 들어앉아 있는 끄트머리 마을이었다. 바깥으로 통하는 길은 산자락을 끼고 있는 구불구불한 좁은 외길뿐이다. 고만고만한 초가와 자그마한 들판은 높은 산들에 빙 둘러싸여 있고, 맑은 계곡 물은 곧바로 다랑논으로 흘러든다.

  이사한 지 며칠 안 되었지만 신채호는 고두미 마을이 마음에 들었다. 산과 하늘 양 품에 폭 안겨 있는 느낌이 무엇보다 좋았다.

세상이 뽀얗게 변해 가는 아침이었다. 마을은 안개를 이불처럼 뒤집어쓴 채 늦잠을 자고, 병풍을 쳤던 산들은 희미하거나 아예 숨어 버렸다.

마당에 서 있던 할아버지가 방에서 나온 신채호에게 손짓을 했다.

"애야, 저 풍경을 보고 한시를 지을 수 있겠니?"

할아버지가 마을에다 서당을 열고, 신채호가 그 서당에 다닌 지 얼마 안 될 때였다. 한문시를 짓는 건 아직 무리였다. 하지만 신채호는 마다하지 않고 주위를 휘둘러보았다. 그러더니 곧 작은 입술을 열고 시를 읊었다.

어둡던 밤이 낭산을 지고 갔구나.

할아버지는 깜짝 놀랐다. 무심코 건네 본 말이었는데, 뜻밖의 솜씨를 보인 것이었다. 짧은 시는 상상력이 뛰어나고 관찰력이 돋보였다. 신채호는 시를 짓는 것이 즐거웠다. 사물이나 느낌을 솔직하게 글자에 실으면 시가 되는 것이 흥미로웠다. 언제 어디서든 할 수 있어 좋기도 했다. 한 번은 일하는 모습을 보고도 시를 지었다.

朝出負而氏 論去地多起
이른 아침 써레와 쟁기를 지고 들로 나가네.
논을 갈아 나가니 흙이 많이도 일어나네.

이 시는 한자에 아주 재미있고 기발한 생각이 숨어 있다. 즉, 써레를 而(이)자로, 쟁기를 氏(씨)자로 써서 그 농기구의 모양까지 표현한 점이다. 또 논을 뜻하는 畓(답) 자나 '갈다'는 뜻인 耕(경) 자 대신, 음을 빌어 와 論(논) 자와 去(거) 자를 썼다. 즉석에서 떠오른 감흥이 한 편의 재치 있는 시가 된 것이다.

어느덧 계절은 겨울이었다. 온 산에 희끗희끗한 눈발이 쌓였고, 칼바람은 쌩쌩 골목을 헤집고 다녔다. 동네 아이들은 추위 속에서도 연을 날리느라 정신이 없었다.

"야! 우리 높이 날리기 내기하자."

"아냐, 연줄 끊어먹기 해. 그게 더 신나잖아."

아이들은 가장 높이, 가장 힘 있게 연을 날리려고 손발이 꽁꽁 어는 것도 잊었다. 채호도 그 틈에서 연줄을 풀고 당기며 솜씨를 발휘했다. 하지만 사금파리를 먹인 연줄에 걸려들어 쉽게 끊겨 버렸다. 연이 바람을 타고 요리조리 꼬리치며 산등성이로 날아갔다. 채호는 입술을 조금 깨물고 서서 점이 되어 멀어져 가는 연을 바라보았다.

채호가 어깨를 축 늘어뜨리고 대문을 들어서자, 할아버지가 사랑으로 불러들였다.

"어째 시무룩하니. 얼굴은 퍼렇게 얼었고……. 저런, 연줄만 남았구나."

"예, 끊어져서 연이…… 멀리 가 버렸어요."

다소 풀기가 없는 목소리였다.

"쯧쯧, 그런 일로 사내가 힘이 빠져서야 쓰겠니. 이제 옷매무새 단정히 하고 글을 읽거라."
"예에. 참, 할아버지 저 시 지었어요……. 연을 날리다가요."
"시를? 언제 그럴 틈이 있었어. 어디, 들어 볼거나?"
채호가 조그맣게 큼큼 목을 가다듬었다. 그리고 머릿속에 새겨 두었던 시구를 또박또박 되뇌었다.

연이 높고 낮게 날림은 바람의 강약에 달린 것이라네
연이 멀리 가깝게 날림도 실의 장단에 달린 것이라네.

할아버지는 천천히 턱수염을 쓸어내렸다. 엄한 표정이 어느새 흐뭇하게 녹아 내리고 있었다.
"대견하구나. 배운 지 얼마 되지도 않았는데. 채호야, 앞으로도 부지런히 시를 짓거라."
채호의 두 눈이 반짝 빛이 났다. 엄격한 호랑이 할아버지가 좀처럼 하지 않는 칭찬을 한 것이었다. 하지만 정작 기쁜 건 도리어 할아버지였다.
'될성부른 나무는 떡잎부터 아는 법……. 분명히 크게 될 아이야. 한몫 단단히 할 놈이야.'
할아버지는 마음이 든든했다. 생계를 위해 서당을 열었는데, 도리어 두 손자를 가르치는 뿌듯함을 큰 선물로 받은 것이었다. 그 손자들

덕에 아들을 잃은 충격은 차차 가시고 있었다.

재호와 채호 형제는 다른 학생들보다 월등했다. 채호는 특히 뛰어났다. 아홉 살에 〈통감〉 전질을 해독하고, 열 살에는 이미 행시(조선 시대에 가장 발달된 시체. 한문 시학 중에서 가장 박학을 요하는 것으로 당시 과거 시험의 중요 과목이었다.)를 지어 낼 정도였다. 할아버지는 모든 힘을 손자들을 가르치는 데 쏟았다.

따스한 봄날, 서당에서 당나라 시편을 읽고 있을 때였다.

'사월 남풍(四月南風) 대맥황(大麥黃)'이란 시구가 나왔다.

작은 몸을 흔들흔들, 장단을 맞춰 가며 신바람을 내던 채호는 고개를 갸웃거리기 시작했다.

"이상한걸. 사월에 남풍이 불어서 보리가 누렇게 익는다고? 남풍이 사월에 불어? 동풍이나 서풍이 분다면 모를까……."

아이들은 슬슬 훈장의 눈치를 살피며 신채호에게 눈치를 주었다. 그러나 신채호는 아랑곳하지 않고 혀까지 끌끌 찼다. 그러더니 마치 누군가에게 따지듯 혼자 쭝얼거렸다.

"지금이 바로 사월이야. 그런데 들판의 보리는 파래. 누가 어찌해서 이렇게 썼담."

채호는 붓을 들었다. 그러고는 서슴없이 '남'을 '동'으로, '황'을 '청'으로 고쳐 썼다.

"사월 동풍에 보리가 푸르다. 이제 됐어."

채호가 비로소 씩 웃었다. 슬슬 훔쳐보고 있던 아이들은 그만 입을

쩍 벌렸다. 사실에 어긋나는 표현과 모순을 꼬집어 내는 것이 놀라울 따름이었다. 더구나 그 유명한 당나라 시편을 과감하게 고쳐 버리다니. 서당 동무들은 자못 궁금했다. 제대로 먹지 못해 얼굴은 누리끼리하고, 어수룩해서 자기 감정을 잘 나타낼 줄도 모르는 채호. 어찌 보면 흐릿한 아이인데, 어디에 그런 관찰력과 총명함이 숨어 있는 걸까.

얼마 전에는 이런 적도 있었다. 역시 서당에서 각자 책을 읽을 적이었다. 갑자기 방 안에 구린내가 풍겼다. 처음엔 누군가 지독한 방귀를 뀌었거니 하고 꾹 참았다. 하지만 그 냄새는 점점 심하게 번져서, 아이들은 그만 코를 감싸 쥐고 두리번거리기 시작했다.

"누구냐? 누가 이렇게 고약한 냄새를 피워?"

"똥 냄새 같아. 누가 똥 쌌냐?"

훈장인 할아버지까지, 서당 안 모두가 술렁거렸다. 그런 소동에 까딱도 하지 않고 책에 몰두하고 있는 아이는 채호밖에 없었다. 방 안의 시선은 일제히 채호에게 쏟아졌다.

"어! 쟤가……."

"채호야! 너어……?"

아이들은 눈이 휘둥그레져 버렸다. 신채호의 바지가 똥으로 질펀하게 젖어 있는 것이었다. 하지만 감히 놀리거나 흉보는 말을 뱉을 수 없었다. 변소 가는 것도 잊을 만큼 책에 흠뻑 빠진 채호. 똥 싼 것을 아는지 모르는지 꿈쩍도 안 하고 책을 읽는 그 모습이 경이롭고 존경스러울 따름이었다. 서당 안은 긴장감마저 돌았다. 총명하다고 누구나 깊이 학문에 들어가는 건 아닐 것이다. 노력 없이는 변변한 열매 하나 거둘 수 없다. 그런데 채호는 타고난 재주에다 한눈팔지 않는 노력이 뒷받침되는 아이였다.

실력은 부쩍부쩍 늘었다. 열두세 살 무렵이 되자, 한학의 기본 경전인 사서삼경을 술술 읽어 내렸다. 읽는 데 그치지 않고 아무리 어려운 내용도 모두 이해하고 외웠다. 또, 벌써부터 〈삼국지〉나 〈수호지〉, 〈열국지〉 같은 중국의 역사 소설을 읽었다. 그런 책을 통해 역사에 대한 이해와 지식의 폭을 넓혀 나갔다. 채호는 무엇보다도 역사의 수레바퀴를 따라 돌고 도는 흥망성쇠가 더없이 흥미로웠다.

'과연 튼튼한 재목이야……. 훌륭하게 키워서 나라의 동량으로 만들어야 해.'

할아버지는 채호를 보면 불끈 힘이 솟았다. 이름만 겨우 양반인 신씨 집안이 일어날 기회가 머지않아 오리라 희망에 부풀었다. 그럴수록 한층 엄하게 대했다. 한 번 들어서 알지 못하면 모진 매를 들었다. 암송하지 못할 때도 마찬가지였다.

"허어! 이렇게 나약하고 게을러서 무슨 공부를 해. 정녕 네가 학문에 뜻을 두었더냐!"

학업에 관한 한 나무랄 것이 없는 채호였다. 그러나 강직한 할아버지는 채찍질을 멈추지 않았다.

2. 멎을 줄 모르는 풍파

산기슭에 터 잡은 세 칸 오막살이는 볕이 잘 들었다. 햇살이 지천으로 널린 마당에는 산새들이 들락거리고, 바람이 놀러 왔다. 허름하지만 따스하고 평화로운 보금자리였다. 걱정이라면 집안 살림이 여전히 어려운 것이었다. 고두미 마을로 이사한 후에도, 신채호네 식구들은 작으나마 땅뙈기를 일구고 거기 매달려 지내야 했다. 콩죽이라도 근근이 연명하려면 그 수밖에 없었다. 할아버지의 서당에서 나오는 수입은 변변치 않았다. 산골이라 학생이 적은 데다, 살림들이 어려워서 거저 다니는 아이도 있는 터였다. 당시는 조선 팔도가 서양과 일본의 문물이 급격히 밀어닥쳐 몸살을 앓을 때였다. 조정에서는 개화다 척사다 싸우느라 백성 돌보는 일은 뒷전이었다.ND 자연히 관리들의 수탈에다 일본의 침략까지 겹쳤다. 가뜩이나 굶주리던 일반 백성들은 점점 살기 힘들었던 것이다.

그런 중에도 형제는 반듯하게 잘 자라났다. 신채호는 나이 차이가 많이 나는데도 형을 그림자처럼 따랐다. 학문에는 영특해도, 다른 것은 서투른 신채호를 가장 잘 이해해 주는 사람이 형이었다.

"형님, 내가 생각했는데, 할아버지는 저런 산 같으셔."

"응? 할아버지가 도사라도 되신단 말이야? 사람더러 산이라니."

"아니. 산처럼…… 그래, 든든하다고."

"오, 그런 생각을 할 줄 아니? 제법 다 컸구나. 전엔 할아버지가 무서워서 싫다더니."

신채호는 겸연쩍은 듯 어깨를 으쓱했다. 솔직히 할아버지는 변함없이 조심스러웠다. 눈을 치켜뜨거나 호통을 칠 때면 숨쉬는 것도 편치 않았다. 하지만 깊은 속을 조금은 알 듯하고, 그래서 서운함을 돌아서면 잊어버리는 것이었다.

"나 이젠 부자나 권세가들이 별로 안 부러워, 형님. 왜 그런지 알아?"

"글쎄, 왜 그럴까?"

"우리 집도 부자거든. 형님, 할아버지, 어머니 계시지? 이제 형님이 장가들면 형수님도 생기고, 또 조카도 태어날 거고, 얼마나 좋아."

"후후, 쪼끄만 녀석이 못 하는 소리가 없네……."

세상에서 단 둘뿐인 혈육. 형은 동생을 끔찍이 아꼈다. 그리고 동생에게 형은 최고였다. 때론 아버지처럼 기댈 수 있고, 다정한 동무도

되었다. 형은 타고난 성품이 좋아서 생전 화를 내지 않았다. 오히려 능청스러울 정도로 너그러웠다. 그래서 아무리 울적해도 형과 있으면 마음이 파랗게 맑아지곤 했다. 둘은 들꽃이 수줍게 얼굴을 내민 오솔길을 함께 걸었다. 비바람 부는 날에는 마루에 누워 옛이야기를 주고받았다. 가난하지만 책을 모으고, 서가에 책이 쌓여 가는 기쁨을 나누었다. 공부를 할 땐 서로 북돋아 주며 긍지를 키워 나가는 학문의 동반자였다.

그런데 신채호가 열두 살 되던 해였다. 결혼을 한 지 얼마 안 된 형이 갑자기 세상을 떠나고 말았다. 형수와 어린 딸 향란이를 남겨 둔 채, 스무 살의 젊음을 접어 버린 것이었다. 창창했던 꿈을 한 번 펴보지도 못하고…….

느닷없는 형의 죽음으로 집안 꼴은 말이 아니었다. 그저 방긋방긋 웃는 향란이만 빼고는 가족들 모두 얼이 빠져 버렸다. 할아버지는 더욱 말씀이 없어졌고, 어머니와 형수는 날마다 눈물 바람이었다. 신채호의 충격도 엄청났다. 5년 전 아버지가 돌아가셨을 때는 너무 어려서 죽음이 뭔지 몰랐다. 하지만 이번은 신채호를 지배하고 지탱하고 있던 큰 뿌리가 뭉텅 잘리는 고통이었다.

'형님, 형님이 없는데도 세상은 그대로야. 아침에 눈부신 해가 뜨고, 저녁이면 달이 떠올라. 새들이 여전히 노래하고, 사람들은 아무렇지도 않게 웃고 떠들어…….'

하루에도 수없이 형이 떠올랐다. 그때마다 눈물을 찔끔거렸다. 하지만 아픔은 조금씩 무디어져 갔다. 세상을 뜬 형에게는 미안했지만, 때가 되면 배가 고프고, 피곤하면 쓰러져 잤다. 점차 슬픔이 차지했던 가슴에 그리움이 움터 자라나기 시작했다.

   집안 분위기는 아직 암울하고 갑갑했다. 그래도 신채호는 한눈을 팔 수 없었다. 형을 잃은 가족들에게 한 가닥 희망이 자신이기 때문이었다.

   열네 살 무렵, 신채호는 이미 유학 경전을 통달했다. 인근 마을에서는 벌써부터 '뛰어난 천재 소년'으로 소문이 퍼져 있었다.

   할아버지의 정성은 눈물겨울 정도였다. 학문에서부터 꼿꼿하고 청빈한 생활 모습까지, 삶 자체가 고스란히 살아 있는 교육이었다. 신채호는 군소리 없이 가르침을 따랐다. 놀이보다는 공부를 하고, 혼자 생각에 몰두했다. 또래들이 흔히 하는 투정이나 응석 따위는 생각할 수도 없었다. 그러다 보니, 일반적이고 형식적인 겉치레는 점점 관심 밖으로 벗어났다. 심보가 배틀린 사람 중에는, 초라한 행색에 못 먹어서 꺼칠한데다 타고난 약골인 신채호를 깎아내리기도 했다.

   신채호가 열다섯 살 때였다. 외출에서 돌아온 할아버지가 의관도 벗지 않은 채 손자부터 찾았다.

   "알고 있느냐? 사람들이 너를 보고 뭐라고 하는지."

   할아버지는 대뜸 눈초리를 치켜세웠다. 신채호는 덤덤히 앉아 다음 말을 기다렸다.

"사람들이 너더러 흐리고 못났다 하더구나. 대체 무슨 까닭이냐?"

할아버지는 여간 화가 난 것이 아니었다. 하나뿐인 손자가 그런 얘기를 듣는다니, 도무지 참을 수 없는 일이었다. 신채호는 짐작한 사람처럼 무감각하게 말했다.

"할아버님, 저보고 못생겼다고 하는 세상 사람들도 별 수 없습니다."

"그건 무슨 말이냐."

"겉이 아무러면 어때요. 전 아무렇지 않아요. 제 안에 밝은 세계를 키워나가는걸요. 남들이 다 무슨 소용입니까?"

할아버지는 멍해져서, 눈만 둥그렇게 뜨고 신채호를 건너다보았다. 얼굴에 서려 있던 노기가 슬그머니 사라지고 있었다.

"오냐, 그렇구나. 아무렴 겉보다 속이 알차야지."

"송구합니다. 이젠 신경 쓰지 마세요."

"그래, 네가 옳다. 사람이나 나라나 실속이 있어야지……. 우리 손자가 아는 이치를, 조정 대신들은 모르는구나."

할아버지가 나랏일을 들먹였다. 바깥에서 무슨 이야기를 들은 것일까. 나들이 후에는 종종 세상 일로 잠자리를 설치는 할아버지였다.

"휴! 우리 조선이 어찌 되려고 이러는지, 좀체 편한 날이 없어."

할아버지가 연달아 한숨을 내쉬고 머리를 절절 흔들었다.

"채호야, 작년 봄이었더냐? 요 너머 보은에서 동학당들이 모여 집회를 열지 않았니."

"예, 할아버지. 그때 엄청나게 사람들이 모였다고 놀랐잖아요. 삼만 명이라고 했죠."

"그랬어. 그들은 동학당 우두머리 최제우가 억울하게 죽었으니 누명을 벗겨 달라고 아우성쳤어. 그리고 탐관오리를 내쫓고, 왜놈들과 양놈들도 내쳐야 한다고 했어."

신채호의 눈은 어느새 초롱초롱 빛을 띠고 있었다. 나이는 어려도 학문적으로나 사고 능력은 제법 성숙해서 웬만한 선비 뺨치는 수준이었다.

"작년엔 위험한 고비를 잘 넘기고 수습이 된다 싶었는데, 결국 난이 터졌구나."

"난이요? 동학도들이 난을 일으켰어요?"

난이라면 나라에 반기를 들었다는 말 아닌가. 신채호는 저도 모르게 할아버지 곁으로 다가앉았다.

때는 1894년 1월 10일. 전봉준을 대장으로 전라도 고부의 농민들이 일제히 들고일어났다. 평생을 권력에 짓밟히고 착취당한 그들이라 한 맺힌 힘은 대단했다. 그들은 곳곳마다 관아를 습격했다. 옥에 갇힌 백성들을 풀어 주고 무기를 빼앗았다. 탐관오리와 포악한 양반과 지주의 재물을 가난한 백성들에게 나누어 주었다. 그 기세는 전라도 전역을 휩쓸고 전국으로 확산되었다.

"그게 화근이었어. 동학군이 전주 성을 점령하자, 조정에서 청국에 급히 군사를 청한 거야."

"청나라요? 다른 나라를 우리 일에 왜 끌어들여요?"

"거기서 그쳤으면 다행이게. 호시탐탐 조선을 침략하려고 노리던 일본도, 얼씨구나 하고 재빨리 군대를 파견했어."

"어! 우리 조선에 두 나라 군사들이……, 그러면 어떻게 되는 건가……."

할아버지 얼굴에 짙은 그늘이 내렸다. 신채호는 이해할 수 없었다. 할아버지 말씀이나 요즘 돌아가는 상황을 짐작하건대, 농민군들이 턱없는 짓을 하는 것은 아니었다. 그렇다면 요구를 들어 보고 잘못된 정책을 고치고, 바른 정치를 펴 나가야 할 것 아닌가. 나라 살림살이를 다른 나라에 기댈 만큼 조정이 허약하단 말인가. 이제 걸핏하면 그 나라들이 간섭하려 들 텐데, 아니 조선을 넘보지 않는다고 장담할 수 있을까. 됫박만한 방 안 공기가 집채만큼이나 무거웠다.

"청국과 왜국이 우리 땅에서 전쟁을 벌일 게다. 그야말로 아수라장이야. 조선을 서로 뜯어먹으려고 열강들은 으르렁거리고, 관리들은 거기 붙어서 제 배만 불리고, 백성들은 점점 어렵고."

"……."

"채호야, 열심히 공부해라. 때가 오면 나라를 위해 두려워하지 말고 나서거라. 알았느냐."

할아버지가 불타는 눈길로 바라보았다.

신채호는 가슴이 화끈했다. 할아버지의 가르침 속에서 어릴 적부터 자라난 애국심에 불씨가 댕긴 것이었다.

3. 서방님은 책벌레

 계절이 여러 번 지나가고 해가 바뀌었다. 할아버지의 바깥 출입은 세월과 더불어 꾸준히 늘어갔다. 오늘도 새벽 이슬을 버선에 적시며 나가서, 노을을 지고 마을 어귀에 들어섰다.
 신채호는 한달음에 달려 나갔다.
 "옛다. 간신히 빌렸어. 귀한 책이니 고이 보아라."
 할아버지가 묵직한 보통이를 넘겨주었다. 신채호는 미안한 표정을 지으면서도 한편 기쁨을 감추지 못했다.
 "할아비가 할 수 있는 게 이것뿐이구나. 책에 대한 네 갈증을 시원하게 풀 길이 있으면 좋으련만……."
 허리를 주먹으로 두드리며, 할아버지가 안쓰럽게 손자를 보았다. 신채호는 입술만 달싹거렸다. 어릴 적부터 원체 말하는 재주가 없었다. 그래서 매번 인근 마을을 다니며 책을 빌려다 주는 할아버지에게 고마운 말 한번 제대로 하지 못했다. 가까운 동네 책은 다 읽어서, 먼 곳까지 책을 수소문하는 걸 훤히 알면서도 말이다.
 할아버지는 신채호의 속을 꿰뚫어 보았다.

"넌 걱정할 거 없다. 그저 열심히 읽으면 돼. 내 힘닿는 대로 부지런히 빌려다 주마."

"고맙습니다, 할아버님."

할아버지는 흐뭇해서 연거푸 고개를 끄덕였다. 그러다 불현듯 무언가 떠오른 기색이었다.

"참! 애야, 아주 중요한 일을 잊었구나. 네게 마땅한 혼처가 생겼어."

"예에?"

"그만하면 색싯감이 괜찮더라. 이미 어멈과도 상의했어. 좋은 날을 잡아 혼례를 올리자꾸나."

신채호는 순간 어리벙벙했다. 갑자기 장가를 들라니, 아직 열여섯 살밖에 안 되었는데, 색시가 누구인지도 모르는데……. 하지만 어른들이 하는 일을 거역할 수가 없었다. 모르긴 해도 한시바삐 가문의 대를 잇고 싶은 어른들의 바람이 혼인을 서두른 것 같았다.

신채호는 집안 어른들이 시키는 대로 장가를 갔다.

그런데 얼굴이 웃음꽃이어야 할 새신랑은 상투를 틀고도 무표정했다. 색시가 전혀 마음에 들지 않은 것이었다. 색시는 이웃 마을에 사는 풍양 조씨의 딸이었다. 농촌에서 아무것도 모르고 자란데다 감각마저 무뎠다. 또한 현명하지 못하고 행동도 못마땅했다.

신채호는 결혼 후에도 여전히 혼자만의 세계에 틀어박혀 지냈다. 책을 읽고 글을 쓰고 생각 속에 잠기는 게 전부였다.

신랑이 무뚝뚝하니, 색시도 좋아할 리 없었다. 집안은 나 몰라라 하고 종일 책이나 보고 앉았으니 기가 찰 노릇이었다. 식구들이 끼니를 거르는 건 보통이고, 어떨 때는 하루 이틀씩 굶기도 하는데 신랑이 통 무관심한 것이다.

색시는 참지 못하고 푸념을 해대기 시작했다.

"속도 편하네요. 집 안에 먹을 게 하나도 없어요. 책에서 밥이 나와요? 흥, 서방님이나 책벌레지, 난 아니란 말이에요."

"아니, 어찌 말을……."

"나이가 어려도 서방님이 가장이에요. 날더러 어떡하라고요. 향란이 보채지, 할아버님 뵙기 민망하지. 내가 죄인 같다고요……."

색시는 옷소매로 눈물을 찍어 냈다.

신채호는 비로소 책에서 머리를 들었다. 그리고 묵묵히 앉아 있다가 말없이 방을 나갔다.

막상 집을 나섰지만 갈 데가 없었다. 답답한 신채호는 발길 닿는 대로 무작정 걸었다. 어느 집이나 사정이 어려웠다. 밥 때가 되었지만 굴뚝에 연기 오르는 집이 드물고, 길에서 마주치는 사람들도 얼굴에 윤기 흐르는 자가 없었다.

저절로 걸음을 멈춘 곳은 부근에서 제일 가는 부잣집이었다. 순간, 신채호는 불에 덴 느낌이었다. 얼굴이 화끈거리고 그럴 수 없이 부끄러웠다. 선비가 배고픔 하나 견디지 못하고 구걸하려는 생각을 품었다니. 신채호는 얼른 돌아섰다. 그런데 할아버지와 어린 조카의 얼굴이 앞을 가로막았다. 신채호는 다시 뒤돌아섰다. 대문을 두드리자 떠

꺼머리 하인이 머리를 쑥 내밀었다.

"무슨 일이오?"

하인이 불손하게 눈을 희번덕거렸다. 신채호는 막히는 목구멍을 간신히 열었다.

"주인께 말씀 올리게. 신채호가 좀 뵈었으면 한다고."

하인은 신채호를 위아래로 훑어 내렸다. 하고 있는 꼴은 영 볼품이 없는데, 형형한 눈빛에 눌려 어찌할까 망설이는 것이었다. 하인은 마

지못해서 퉁명스레 "기다리쇼." 하고는 문을 쾅 닫았다.

잠시 뒤였다.

"어쩐 일로 날 보자고 했는가?"

주인이 거드름을 부리며 나타났다.

신채호가 식량을 꾸어 달라고 간신히 떠듬떠듬 몇 마디를 했다.

"무슨 일인가 했더니 그 얘기로군. 지금 손님이 있다네. 몇 시간 후에 보세."

주인은 쌀쌀맞게 말하고 총총히 사라졌다. 신채호는 살그머니 안도의 숨을 내쉬었다. 거절하지 않으니 그나마 다행이라고 여긴 것이었다. 얼마 후, 신채호가 다시 부자를 찾아갔다.

"주인 어른 나가셨어요."

"분명히 다시 오라고 하셨는데. 혹시, 내가 오면 어떻게 하라는 명은 없었느냐?"

하인은 고개를 설레설레 흔들었다. 신채호의 얼굴엔 낭패한 빛이 역력했다. 그 모습이 딱했는지, 하인이 주인의 행방을 귀띔해 주었다. 신채호는 부지런히 부자의 뒤를 밟았다. 그가 약속을 깜빡 잊은 모양이라고 생각한 것이었다. 하지만 그는 다시 다른 곳으로 피해 버리고 없었다. 신채호가 급기야 화가 났다.

'이 자가 나를 조롱하는구나. 내, 버릇을 단단히 고쳐 주리라!'

몇 끼를 굶어서 이제 기력도 없지만, 신채호는 이를 악물고 걸었다. 결국 그 동네 입구에서 부자와 맞닥뜨렸다.

"어험! 자네가 여기까지 어쩐 일인가."

부자는 시치미를 뚝 뗐다. 상대의 눈에 불이 철철 흐르는 것을 보고도 짐짓 거들먹거렸다. 신채호는 다짜고짜 덤벼들었다.

"아이고! 사람 살려. 이놈 잡아!"

부자는 고래고래 고함을 쳤다. 그의 갓과 상투가 신채호의 손아귀에서 갈가리 찢겨 나갔다. 하지만 구경꾼들 어느 누구도 말리는 이가 없었다. 평소 구두쇠로 인심을 잃은 부자가 당하는 꼴이 내심 후련했던 것이다. 신채호의 성미는 불같은 데가 있었다. 웬만한 것은 말도 없고 감정 표현을 하지 않지만, 비위를 거슬리는 것은 조금도 참지 못했다. 약속을 지키지 않을 때도 절대 용서하지 않았다.

부자를 혼내 주고 돌아서면서 신채호는 다짐했다.

'무슨 일이 있어도, 다시는 남에게 구걸하지 않겠어.'

점차 학문이 깊어 가는 선비 신채호는 책을 양식으로 삼아 허기를 달래야 했다. 그러나 배고픔 못지않게 참을 수 없는 게 또 있었다. 추위였다. 냉방에서 책을 읽으면 뼛속까지 냉기가 스며들었다. 더욱이 초저녁부터 들려오는 할아버지와 조카의 기침 소리는 차마 견디기 괴로웠다.

깊은 밤, 신채호는 급기야 또다시 책을 덮고 말았다. 집안 식구들이 며칠째 불기 없는 냉방에서 덜덜 떠는 모습이 자꾸만 눈에 어렸다. 아내의 거친 말대로, 공부한답시고 가족을 위하지 못한 건 사실 아닌가.

'할아버님, 어머님, 죄송합니다. 제가 가장인데, 제가 집안 식구들을 봉양해야 하는데…….'

못난 자신 때문에 식구들이 고생을 한다고 생각하니, 눈시울이 금세 뜨거워졌다. 신채호는 소리 없이 방문을 나섰다. 쌔앵, 북풍이 해진 옷섶으로 돌진해 왔다. 그러나 별다른 추위를 느끼지 못했다. 방 안이나 바깥이 기온 차이가 별로 없는 것이다. 신채호를 움츠리게 하는 건, 밖에서 더욱 또렷이 들리는 잔기침 소리, 해소 끓는 소리였다.

　신채호는 마치 급한 볼일이 있는 것처럼 허둥허둥 사립문을 나섰다. 아무 생각도 나지 않았다. 그가 퍼뜩 제정신이 든 것은 눈앞에서 불꽃이 활활 타오를 때였다.

　'아이쿠! 내가 도둑질을 하다니…….'

　신채호가 이웃 짚가리에서 몇 단을 가져다가 아궁이에 불을 땐 것이었다. 도둑질은 인간이 못할 짓으로 알고 있던 그는 아찔했다. 높은 벼랑 끝에 발끝을 딛고 있는 기분이었다. 살아가는 데 가장 기본적인 것들이 없어 이렇게 고통받고 좌절해야 하다니. 밀려드는 절망감에 신채호는 부들부들 떨었다.

　어려움은 학문의 길에도 있었다. 그것은 선비에겐 생활의 궁핍함보다 더 큰 곤란이었다. 학문의 필수품인 책이 없으니 얼마나 답답한 노릇인가. 두메에는 한학의 기본 경전들밖에 없었고, 부근의 책들은 이미 읽은 지 오래였다. 기억과 암송에 의지하는 한학 수업에도 성이 차지 않았다. 손자의 학구열을 아는 할아버지는, 새롭고도 차원 높은 학문의 길을 열어 주려고 애를 썼다.

　마침내 열일곱 살의 손자를 앞세우고 할아버지가 길을 나섰다. 평소 친분이 두터운 신승구를 찾아가는 것이었다.

　"채호야, 우리가 만날 분은 네 할아버지뻘 되신다. 한학자이시지."

　과연 학자인 그분 집에는 어떤 책이 얼마나 많을까, 신채호는 그 점이 궁금했다.

"할아버님, 두 분이 말씀 나누시는 동안 전 책을 보게 해 주세요."

"허허, 이미 다 본 것들이야. 전에 그 댁에서 내가 빌려다 주었어."

"그래요……."

신채호는 적잖게 실망했다. 할아버지는 의미 있는 웃음을 띤 채 잠시 손자를 지켜보았다.

"하지만 염려 마라. 그분이라면 네가 새로이 수학할 곳을 일러 주실 게야."

"정말인가요, 할아버지?"

"가 보면 알겠지. 기대해 보자꾸나."

신채호는 가슴이 쿵쿵 뛰기 시작했다. 마음 놓고 새로운 책을 실컷 읽고 배울 수 있다면 얼마나 좋으랴. 생각만 해도 신이 나서, 풀쩍 뛰면 나무에 오를 것 같았다.

신승구는 꽤 깐깐해 보이는 선비였다.

"신 진사, 우리 손자 놈이네. 진사께서 빌려 주신 책들을 이 아이가 읽었다오."

할아버지가 한껏 자랑스럽게 신채호를 소개했다. 그런데 신승구는 어쩐지 탐탁지 않은 기색이었다. 아마도 한낱 촌뜨기 서생 정도로 여긴 모양이었다.

"총명하다는 소문은 들었다. 어디 솜씨 좀 볼거나. 고향에 대한 시를 한 수 지어 보아라."

신승구는 대뜸 시험하고 나섰다.

신채호는 말없이 고개를 숙여 보인 후, 살며시 눈을 감았다.

고향 문물이 모두 전과 같으니
우아한 풍류가 신선 부러울 것 없네
봉우리의 나무들은 울창해서 특별한 경지를 이루었고
시내의 얼음은 희고 희어 하늘처럼 서늘하네

고향 그리는 월나라 새는 바야흐로 꿈을 이루었고
시 생각하는 오나라 누에는 바로 잠들려 하네
읊기를 끝내고 다시 옛 글을 생각하니
한가로운 사람의 취미가 그럴듯하네

시를 받아 든 신승구의 표정이 젖은 화선지에 먹물 퍼지듯 달라졌다. 딱딱한 얼굴에 웃음이 번지고 연신 고개를 끄덕였다. 내리깔았던 실눈은 둥그레져서 한결 온화했다.
"고결한 청년 선비의 풍모가 잘 드러나 있구나. 상상도 풍부하고 정서적인 표현도 제법이야."
"부끄럽습니다. 과분한 칭찬이세요."
"아니다. 과연 듣던 대로야. 산골에서 썩힐 수 없는 기재를 타고났어."
거 보란 듯 지켜보고 앉아 있던 할아버지가 슬그머니 대화에 끼어들었다.
"신 진사, 이 아이가 공부를 깊이 할 수 있는 방도가 없겠나? 더는 나도 버거워."
"글쎄……. 아, 신기선 대감댁이 어떨까? 그 댁 서가에는 귀한 서적이 많을 게야."
"신 대감댁이라면 더 바랄 게 없지만……."
신기선은 일찍이 병과에 급제하여 교리를 지낸 인물이었다. 1884년

갑신정변 당시에는 새로운 내각에서 이조 판서 겸 홍문관 대제학을 지냈다. 그러나 김옥균 일파였다는 죄목으로 전라도에 유배되기도 했다. 그 후 다시 등용되었고 병부, 법부, 학부 등 중요 대신을 거쳤다. 그는 온건 개화파에 속하는 인물이었으며 이름난 유학자였다.

"그런 높은 자리에 오른 대감이 채호를 받아 줄까?"

할아버지는 지레 주눅이 든 눈치였다. 아무리 생각해도 문전에서 거절당할 느낌인 것이다. 신승구는 자신 있게 손사래를 쳤다.

"걱정 마시오. 아무렴 신씨 집안에 인물이 났는데 당장 알아보시겠지. 내가 돕겠어요."

신채호는 천원군 목천으로 신기선 대감을 찾아갔다.

신승구의 추천이 있어서인지, 신기선은 신채호를 선선히 수락했다. 열여덟 살에 드디어 새로운 학문의 길이 열린 것이었다. 신채호의 기쁨은 말할 수 없었다.

"없는 책이 없군요. 역대의 귀중한 한문 전적이며 고전, 신학문에 대한 책까지…… 대단합니다."

서가에 정리되어 있는 산더미 같은 책을 보며 신채호는 흥분해서 어쩔 줄 몰랐다. 신기선은 흐뭇했다. 젊은 선비의 학문적 열정이 우선은 마음에 든 것이었다.

"새로운 문물이 걷잡을 수 없이 들어오고 있다. 학자들도 신학문을 받아들여야 해. 그저 옛것만 붙들고 있으면 뒤떨어지게 마련이다."

신채호는 얼굴을 붉혔다. 자신이 우물 안 개구리임을 다시 한 번 느낀 것이었다.

"차분히, 꼼꼼히 보아라. 여기 있는 책은 뭐든지 읽어도 좋다. 대신, 게으름은 안 되느니라."

신기선은 재차 못을 박았다. 재기 있는 청년일수록 끈기와 인내력이 없다는 것을 그 동안의 경험으로 터득한 것이었다.

그날부터 신채호는 서가에 붙어살았다. 예전에도 친지 집을 방문할 때, 그 집의 책을 다 읽기 전에는 움직일 줄 모르던 그였다.

신채호의 번뜩이는 총명함과 지칠 줄 모르는 학구열은 나날이 신기선의 마음을 끌었다. 그는 은연중에 기대를 하기 시작했다.

'부디 내 뒤를 이어서 신씨 가문을 빛내거라. 우리 집안이, 네게 달려 있는 것 같구나.'

신기선은 틈틈이 신채호와 학문이며 세상 돌아가는 이야기를 나누었다. 화제는 무궁무진했다. 서울의 정치계와 문화계의 움직임, 새로운 사상과 문물에 대한 새 지식, 그리고 정보 등……. 산골 서생 신채호는 차츰 새로운 시대에 눈뜬 젊은이가 되어 갔다.

그러던 어느 날이었다.

신채호가 느닷없이 작별을 알려 왔다. 서가를 들락거린 지 오래지 않아서였다. 신기선은 너무나 실망한 나머지 노기마저 띠었다.

"간절히 공부하겠다고 온 게 엊그제야. 벌써 싫증이 났더냐. 물러가!"

신 대감은 벼락치듯 소리치고 벌떡 일어섰다. 신채호가 예의를 차려 변명할 겨를도 없었다.

"다 보았습니다……."

신기선이 움찔 놀라 돌아섰다.

"지금 뭐라 했더냐. 그 많은 책을 전부 보았다고 했느냐?"

"예, 대감. 귀한 공부 많이 하고 물러갑니다. 정말 고맙습니다."

신채호는 비로소 큰절을 넙죽 올렸다.

신기선은 부리나케 서가로 달려가 가장 어려운 책을 골라 왔다. 그리고 기억하기 어려운 문장부터 묻기 시작했다. 신채호는 쉽게 대답했다. 아무리 어려운 것을 물어도 대답은 술술 나왔다. 이리저리 책장을 뒤적이는 신기선은 믿어지지 않는 표정이었다.

급기야 그는 책을 덮고 신채호를 덥석 잡았다.

"호오! 채호야, 넌 큰 세상으로 나가야겠다. 내가 길을 열어 주마."

4. 성균관 유학 시절

 신기선의 추천으로 신채호는 열아홉에 성균관에 입학했다. 1898년 가을이었다. 서울은 시국에 민감하고 서책이 풍부한 곳이라, 견문과 경험을 넓힐 수 있는 좋은 기회였다. 고향에서 신학문에 대한 기초 지식을 쌓았던 신채호는 틈틈이 서점을 뒤져 닥치는 대로 책을 읽었다.
 그날도, 선 채로 책을 읽다가 친구들과 맞닥뜨렸다. 누군가 어깨를 툭 치기에 돌아보았더니, 성균관의 남제에서 함께 지내는 친구였다.
 "나야 인성이. 뭘 그렇게 재미있게 봐. 몇 번이나 불렀는데 듣지도 못하고."
 "그랬어? 자네도 책 보러…… 여럿이 왔구먼."
 김인성의 뒤쪽에서 다른 친구들이 눈인사를 보냈다.
 "우린 만민 공동회에 가는 길이야. 요즘 서울 장안에 화제 아닌가. 채호도 같이 가지."
 "실은 오늘 거길 가려고 일찍 서점엘 나왔는데, 아직 다 못 읽었어."
 손에 든 책을 내려놓기 아쉬운지, 신채호의 표정이 떨떠름했다.
 "그래? 여유가 좀 있으니까 기다릴게. 벗들에게 양해를 얻음세."

김인성이 시원시원하게 말하고 친구들에게로 돌아갔다. 신채호는 곧 책에다 시선을 묻었다. 책장이 훌훌 넘어갔다.

조금 떨어진 곳에서 김인성의 말을 듣던 친구가 어처구니없는 얼굴을 했다.

"그 사람 싱겁구먼. 책 읽는다면서 책장이나 훌렁훌렁 넘기고 있네."

"아직 몰라? 채호는 저렇게 책을 읽어. 이따가 슬쩍 물어봐. 토씨 하나까지 기억할걸. 매일같이 이 종로 서점가를 드나들면서 진열된 책을 모조리 읽어 치운대."

"에이, 아무럼……, 난 글자 구경하기도 힘들겠네."

친구들은 혀를 내둘렀다. 책장을 훌훌 넘기는 것 같은데 어려운 내용을 꿴다니, 아무래도 믿어지지 않았다.

신채호는 금방 책읽기를 마쳤다.

"고맙네, 책을 두고 발이 떨어지지가 않아서 말야. 지루했지?"

"아냐, 묘한 구경거리가 있어서 그럴 틈이 없었어."

구경거리라는 말에 신채호가 반사적으로 주위를 두리번거렸다. 친구들은 천연덕스레 표정 하나 흐트리지 않았다.

"참 신기했는데 말야. 제목이 아마 '성균관 유생 신채호의 독서법'이었지?"

"예끼! 날 놀리는구먼."

신채호가 얼굴을 붉혔다. 둘러섰던 친구들은 와 웃음을 터트렸다.

한바탕 웃음 덕에 그들은 기분 좋게 어울려 만민 공동회장으로 향했다. 신채호는 자연스레 이야기의 주인공이 되었다.

"책방 주인들이 구박 안 해? 자네처럼 매일 읽기만 하고 사지 않으면 장사 망할 거 아닌가. 김선달처럼 대동강물 퍼다 팔 수도 없고."

"책을 살 형편이 안 되니 핀잔을 듣더라도 읽어야지. 요즘은 하도 다니니까 어떤 주인은 새로 온 책을 일부러 보여 줘. 그저 고맙고 미안하지."

"아무튼 대단해. 이러니 팔도의 인재가 모이는 성균관에서 단연 빼어나지."

친구들이 모두 크게 고개를 끄덕였다. 지금이 시월이니 신채호가 성균관에 입학한 지는 얼마 되지 않았다. 그런데도 그는 학우들 사이에 이미 화제였다. 스승들도 눈여겨보았다. 특히 유명한 한학자이며 성균관장인 이종원 선생은 각별했다. 신채호가 나이 어린데도 불구하고 '나를 이해하는 사람은 오직 자네 한 사람뿐이네'라고 말할 정도였다. 그만큼 신채호의 학문적 재능과 사람됨을 높이 평가했던 것이다. 또한 성리학 강학을 담당하는 이남규도 신채호를 귀히 여겼다. 그는 친족에게 편지를 쓰기도 했다.(이남규는 후에 의병 운동에 가담했다가 순절한다.)

'벗 신채호 군을 만나 보았는가. 그는 총명하고 민첩하며 절조가 있어. 그런 인물을 얻기가 쉽지 않지. 같이 어울린다면 참 유익할 것이야.'

신채호를 벗으로 천거했던 것이다.

"채호, 자넨 신학문도 두루 익혔지? 어때, 우리 유학과 견줄 수 있다고 보나."

김인성이 진지하게 물었다. 신채호가 잠시 머뭇거리는 사이, 한 친구가 깐깐하게 치받고 나왔다.

"그건 말도 안 되네. 조상 대대로 익힌 전통 학문이 유학, 성리학이야. 그걸 홀대하면 되겠나?"

신채호의 얼굴에서 머금고 있던 웃음이 서서히 지워졌다.

"난 어릴 적부터 성리학을 공부했어. 그 유학적 전통은 내 사상의 토대가 되었지. 하지만 당장 나라는 위태롭고, 백성들은 헐벗고 굶주리고 있어. 어려움에 빠진 이 사회가 절실히 필요한 게 뭘까. 그걸 구학문에서 구할 수 있을까? 다른 나라의 발달된 과학 기술을 배우고, 잘 사는 나라를 만들기 위한 학문이라면 받아들여야지."

확고하고 분명한 말투였다. 조금 전까지의 부드러움은 간데없고, 목소리에도 강한 힘이 배어 났다. 잠자코 신채호의 얘기를 들은 다른 친구가 슬그머니 끼어들었다.

"나도 전통만 중시하는 구학문에 한계를 느낀다네. 요즘은 열강들 싸움에 나라 안팎의 정세가 휙휙 변하잖아. 우리도 그 대열에 끼려면 열강들이 발전한 대로 따라가야 할 것 같아……."

신채호의 눈빛이 예리하게 번뜩였다. 평소에는 얼굴이 발개지며 부끄럼마저 타지만 토의를 할 때는 다른 사람이 되는 그였다.

"난 요즘 조선 시대 실학자들의 저술과 〈조선사〉, 〈만국사〉를 구해 읽었어. 자네 말처럼 나날이 급변하지 않나. 하지만 무턱대고 남의 것만 좇아선 안 되지. 무엇보다 예로부터 내려온 우리 민족 문화를 개발해야 해. 그래야 개화 사상을 우리가 주인 입장에서 받아들이게 돼."

"아, 채호의 뜻은 새로운 것을 받아들이되, 우리 민족을 잘살고 강하게 만들어야 한단 말이지."

"응, 급진적인 개화 사상이다, 위정척사론이다 서로 싸우는 것은 나라 발전에 도움이 안 돼. 성급하게 나라 문을 열어젖히는 것도 문제이고, 꽁꽁 문을 닫아걸 수도 없어. 난, 어느 한쪽으로 기울지 않으면서 우리 민족이 스스로 설 자리를 찾아야 한다고 봐."

신채호의 논리 있고 박식한 설명에 학우들은 감탄하고 또 감탄했다. 그들은 마치 약속한 듯 걸음을 멈추더니 신채호를 빙 둘러쌌다.

"자네를 존경하네. 그 말이 백 번 옳은데 우린 생각도 못 했어."

"채호, 자넨 우리 조선을 위해 크게 쓰일 사람이야."

그들의 눈에는 깊은 신뢰의 빛이 깃들여 있었다.

거리가 눈에 띄게 북적거렸다. 삼삼오오 떼지은 학생들, 상인들과 노동자들이 한 방향으로 걸어가고 있었다. 사람들은 길 가운데 버티고 있는 성균관 유생들을 못마땅하게 쳐다보았다. 당황한 신채호는 학우들의 등을 떠밀어 걸음을 재촉했다.

만민 공동회장은 이미 만원이었다. 신채호를 비롯한 성균관 유생들은 간신히 틈을 비집었다.

독립 협회 회원들이 앞쪽에 늘어 앉아 있었다. 단상에서는 연사가 열변을 토하는 중이었다.

"이제 조선은 새롭게 태어나야 합니다. 조선은 몇몇 권세가를 위한 나라가 아닙니다. 모든 백성을 위한 나라입니다. 우리가 언제까지 구경만 할 겁니까. 정부와 백성이 함께 새 내각을 구성해야 합니다."

연사의 말 사이로 우레 같은 박수가 터졌다.

"우리에겐 의회가 필요합니다. 의회를 통해 백성들의 생각이 국가 정책에 반영되어야 합니다!"

관중의 반응은 열광적이었다. 곳곳에서 '옳소!' 하는 함성이 터지고, 주먹으로 하늘을 마구 찔러 댔다. 사람들의 얼굴은 선선한 날씨에도 벌겋게 상기돼 있었다.

신채호는 상당히 놀랐다. 말로 듣던 것보다 참여자가 많고, 주장이며 회의장 분위기가 훨씬 맹렬한 것이었다. 한반도에서 왕조의 전통은 조선만 치더라도 5백 년에 달했다. 그 오랜 동안 말 한 마디 못 하던 백성들이 이제 새로이 근대적인 국가 체제를 받아들이자고 아우성이니 어디 예삿일인가.

'아, 이래서 보수적인 관료들이나 왕이 독립 협회를 두려워하는구나! 자신들 권세만 지키려는 자들이니, 혁명적인 주장을 해 대는 협회를 곱게 볼 리 없겠지.'

예전이라면 대역 반역죄로 목을 칠 일인 것이다.

연사의 말을 들으며 한껏 들뜬 사람들이 뒷전에서 떠들어 댔다.

"이 나라 주인은 나라님이 아니라 백성이래. 그럼, 우리 힘으로 나라를 지켜야지."

"맞아! 외국에 이권이 넘어가는 것도 막아야 해. 우선 강대국에 붙어서 제 몫이나 챙기는 썩은 놈부터 내쫓아야지."

"아무렴요, 외국의 눈치나 살피고 비위나 맞추는 무능한 관리는 싹 내몰아야 합니다."

그들은 아무리 보아도 배움이라곤 없는 평범한 백성들이었다. 하지만 오가는 말은 이치에 틀림이 없고 혁신적이었다. 신채호는 미처 생각지 못했던 것을 새삼 깨닫게 되었다.

'백성이 우선 트여야겠구나. 더 많은 백성을 깨우쳐야 해. 그러면 나라가 속히 일어설 거야.'

이때, 옆에 있던 김인성이 신채호의 귓전에 속삭였다.

"어떤가? 만민 공동회가 열리면, 종로가 늘 이렇다네. 상인들은 문까지 닫고 참여한다니까."

"놀라워. 그저 무지하게만 봤던 백성들이 나라 걱정에 생업을 뒤로 하다니, 독립 협회 역할이 대단하네. 지금 어느 분이 협회를 이끌고 있지?"

"음, 윤치호 선생, 이상재 선생 정도는 아네만. 처음 설립 땐 지금과 성격이 좀 달랐지."

원래 독립 협회는 1896년, 서재필을 중심으로 정부의 개혁파 고급 관료들이 참여한 단체였다. 서재필은 협회를 만들기에 앞서 순 한글 신문인 〈독립신문〉을 만들기도 했다. 신문을 통해 백성을 계몽하려는 것이었다. 독립 협회는 처음에 독립문, 독립 공원, 독립관을 세우는 일에 열중했다. 그러던 것이 1897년 8월부터 매주 일요일마다 토론회를 열고, 일부 간부들이 적극적으로 민중 계몽에 나섰다. 점차 백성들의 참여가 늘면서 협회는 자주적인 민족 운동을 펼치게 되었다. 나라의 주권을 지키고, 외국의 이권 침탈을 반대하고, 부패한 조정을 비판하는 등 구국 운동을 전개한 것이었다. 그러자 이완용 같은 관리들은 협회를 떠났다. 지금의 독립 협회는 백성들이 자발적으로 이끌어 가고 있었다. 그만큼 백성들의 목소리가 커졌다는 의미리라.

"난 왠지 걱정되는걸. 보수적인 권력가들이 가만있겠어? 비밀리에 탄압한다는 소문도 들었고."

독립 협회를 바라보는 신채호의 느낌은 그리 밝지 않았다. 김인성도 마찬가지였다.

"응, 보부상들이 만든 황국 협회 말이지? 그 뒤에 일제와 부패 관리들이 있다는데, 황국 협회를 조종해서 독립 협회를 없애려 한다는군."

"그런데도 거의 날마다 만민 공동회가 열린다니, 도대체 집회를 누가 이끌기에……."

"자연스레 열린다니까. 일반 회원들이 스스로 모이는데, 워낙 수가 많아서 큰 집회가 되는 거지."

신채호는 그만 훅 숨을 몰아쉬었다. 차오르는 열기를 뿜지 않고는 벌떡거리는 가슴을 주체할 수 없었다.

'아무리 훌륭한 신학문과 신사상이라도 이론에 그치면 죽은 것이다. 나부터 새로워지자. 이젠 새로운 시대에 발맞춰서 개화 독립 사상을 실천할 때다.'

신채호는 즉시 독립 협회에 가입했다.

주위에서는 그를 염려했다.

"채호, 공부를 하려고 가족까지 두고 오지 않았나. 관리가 되면 나라를 위해 할 일이 많아. 백성을 위하는 길은 그때 가서 찾아도 늦지 않아."

신채호는 세차게 머리를 저었다.

"지금 나라가 이 지경인데, 어찌 나중을 핑계 대며 책 속으로 도망치겠나. 백성의 한 사람으로 나서야지. 우리가 익힌 것을 행동으로 옮길 때야."

말리던 학우들은 고개를 숙였다. 신채호의 생각이 옳은 걸 그들은 충분히 알고 있었다. 하지만 보장된 출세의 길을 버리고 위험을 무릅쓸 용기가 없었던 것이다.

실제로 독립 협회는 낡은 전통을 지키려는 관리들에게 큰 압박을 받고 있었다. 그리고 그 위협은 곧 현실로 드러났다. 1898년 11월 4일에 이상재, 방한덕, 남궁억 등 독립 협회 간부 17명이 구속되었다. 독립 협회를 해산하라는 명령도 떨어졌다.

백성들은 맹렬히 저항했다.

"독립 협회 간부를 석방하라! 협회를 해산한 것은 매국 행위이다!"

"우리 조선을 구할 길을 똑바로 생각하라!"

날마다 항의 집회가 열리고, 참석하는 백성들이 늘어갔다. 신채호도 부지런히 그 대열에 섰다. 구속된 간부들 대신 젊고 새로운 회원들의 활약이 한층 필요했다. 나라와 백성을 위할 줄 모르고, 기득권을 유지하기 위해 바동거리는 정부와 부패 관리들을 생각하면 가만히 있을 수도 없었다.

'우리나라가 바로 서기 위해서는 이제 왕이 다스리는 봉건 국가로서는 안 된다.'

조정은 '황국 협회'를 내세웠다. 그 회원인 보부상(떠돌이 장사꾼)들이 독립 협회 활동을 방해하는 데 앞장섰다. 두 단체는 피를 흘리며 싸웠다. 1898년 12월 25일, 독립 협회는 정부의 기습적인 공격을 받았다. 협회가 해체되고 회원 430명이 구속되었다.

신채호도 감옥에 갇혔다. 옳은 길을 마음 놓고 가지 못하는 젊은 선비의 가슴은 터질 것만 같았다. 그러나 철창은 잠시 몸을 가둘 뿐, 뜨거운 마음까지 묶을 수는 없었다.

5. 회오리바람에 맞서

　모퉁이를 돌자 마을이 나타났다. 들판 가장자리로부터 산기슭까지 고만고만한 초가들이 예전 그대로 옹기종기 앉아 있다. 신채호는 마음이 조금 떨렸다. 성균관으로 떠난 지 3년 만에 고두미로 내려오는 길이었다. 해는 1901년으로 바뀌어 있었고, 그도 스물두 살인 청년이었다. 서울에서 공부를 계속하고 싶었지만, 아무래도 가족들 곁으로 돌아와야 할 것 같았다.
　막상 집에 닿자, 신채호의 마음은 그리 가볍지 못했다. 글이나 알까, 생활에 관한 건 도무지 둔하여 어떻게 집안을 이끌어 가야 할지 막연한 것이다.
　그런데 고향으로 내려온 지 얼마 되지 않아 일가 친척인 신규식이 찾아왔다. 신채호보다 한 살 위인 그는 관립 어학교를 3년간 다닌 후, 육군 무관 학교의 입학을 준비하고 있었다. 두 사람은 고향이 같은 낭성면인 데다, 서울에서 함께 학교를 다녔고 마음도 잘 맞았다. 더욱이 독립 협회 회원으로 같이 활약한 처지였다.
　"귀신이 따로 없구려. 내가 온 걸 어떻게 알았어요?"

신채호가 버선발로 달려 나가 두 손을 맞잡았다.

"천하의 신채호 아닌가. 자네가 움직이는데 내가 모를 수 있겠나?"

"하하하, 그렇습니까……."

반가운 마음에, 신채호는 그 동안 쌓인 걱정이 말끔히 사라진 기분이었다.

신규식이 찾아온 까닭을 밝혔다.

"자네에게 부탁이 있어서 왔어. 꼭 들어주게."

"부탁이라니 당치 않아요. 제가 할 일이 있으면 말씀만 하십시오."

신채호는 기꺼이 승낙했다. 뜻이 맞는 친구에게는 의리를 목숨처럼 지키는 그였다. 신규식이 잔잔하게 웃었다.

"내가 인차리의 집에다 학원을 세웠어. '문동학원'이야. 신식 교육을 할 텐데 자네가 강의를 하면 좋겠어. 백우도 참여할 거야."

신백우 역시 신규식과 마찬가지로 일가였다. 나이는 7년 아래였는데, 그 또한 뛰어난 재원이었다. 이들 세 사람은 산동이 낳은 세 명의 천재들이라고 주변은 물론 서울까지도 알려져 있었다.

신채호의 눈에는 기쁨이 흘러 넘쳤다.

"그렇지 않아도 뜻있는 일을 궁리 중이었어요. 이제 우리 마을 젊은이들이 눈을 뜨겠군요."

"먼저 배운 우리가 나서야지. 마을 사람들이 어서 깨우치도록 도와주세."

"예. 신학문과 사상을 열심히 가르치렵니다. 지금 세상이 어떻게 돌아가고 있는지, 앞으로 어떻게 해야 할지 서로 고민하면서 말입니다."

두 사람은 들뜬 얼굴로 의미 있는 눈길을 교환했다.

신채호의 강의는 파격적이었다. 양반 가문에서 태어나 서당에서 한문 교육을 받았고, 그가 다니던 성균관이 전통적인 최고 유학 교육 기관임을 생각할 때 놀라운 일이었다.

"시대가 급변하고 있어요. 열강들이 사방에서 조선을 먹겠다고 덤빕니다. 그런데도 공자나 맹자만 찾으면 나라가 온전히 굴러갑니까? 시문이나 외면 열강이 물러가냐고요. 이젠 발달된 신학문을 배워야 합니다. 보다 앞선 문물과 제도를 익히고, 교육을 받아들여서 힘을 키워야 해요. 우린 홀로 서야 합니다. 좋고 새로운 것은 받아들여서 나라를 강하게 만들어야지요. 그저 한문이나 쓰고 유학 사상이나 논할 때가 아닙니다……."

마을 젊은이들은 두 손을 들고 환호했다. 하지만 그로 인해 탈이 나고 말았다. 옛것을 고집하는 인근 유생들이 들고일어난 것이었다. 예로부터 청주·산동 지방은 완고한 선비들이 많은 곳이었다. 그래서 유학의 본거지나 다름없었다. 그런 곳에서 한학이 쓸데없다고 했으니, 그건 섶을 지고 불 속에 뛰어드는 격이었다.

"감히 한문 무용론을 주장해? 신식 글 쪼끔 읽더니, 우리의 전통을 부정한단 말야? 고얀 놈!"

"그 아이 조부가 사방에서 한문 서적 빌려다가 가르쳤어요. 배은망덕도 이럴 수 없지요."

"크게 될 선비라고 우러러보았더니, 이건 인간이 아니올시다."

고리타분한 유생들은 신채호를 상대조차 하지 않았다. 하지만 그의 개화 자강 사상은 눈뜬장님이었던 젊은 층을 일깨우기 시작했다.

신채호의 말대로 현실은 위기 상황이었다. 조선이 점점 식민지로 변해 가고 있는 것이었다.

1904년 2월에 러·일 전쟁이 터졌다. 러시아와 일본이, 조선과 만주의 이권을 서로 차지하려다 충돌한 것이다. 대한제국은 중립을 선언했다. 그러나 일본군은 동해 바다에서 러시아 군함을 물리친 뒤 서울로 침입했고, 조정에게 협력하도록 강요했다.

대한제국은 결국 일본의 승인 없이는 다른 나라와 조약을 맺을 수도 없게 되었다. 일본은 경의선과 경부선 철도를 강제로 착공했다. 전쟁을 좀 더 유리하게 이끌고 조선 땅을 식민지로 만들기 위한 속셈에서였다. 그리고 충청, 황해, 평안도의 어로권까지 빼앗았다. 또한 전국의 황무지 개간권을 요구했다. 말이 황무지 개간이지 그것은 엄연한 국토의 침탈이었다.

가뜩이나 흉흉하던 민심은 들끓어 오르기 시작했다. 반대 상소가 빗발쳤다. 뜻있는 관료들과 유생들이 모두 들고일어났다. 강직한 선비 신채호가 가만있을 리 없었다. 그는 성균관에서 '항일성토문'을 작성했다. 친구인 조소앙과 다른 유생들도 함께였다. 성토문에는 일본 침략의 부당함을 지적했다. 그리고 황무지 개간에 동의한 이하영, 현영운 등의 매국 행위를 맹렬히 규탄했다.

일본은 목적을 이루지 못했다. 하지만 무력을 앞세워 조선을 식민지로 만들려는 욕심은 날로 심해졌다.

군사 경찰 훈령이 내렸다. 그에 따라 일본군이 조선의 치안을 맡았다. 이어, '제1차 한일 협약'으로 일제가 추천한 고문이 행정부를 장악했다.

일본의 마수는 일반 백성들에게도 뻗쳤다. 이용구, 송병준 등 친일 앞잡이들이 일진회를 만든 것이다. 1905년 1월에는 서울과 그 부근의 치안 경찰권이 일본 헌병대로 넘어갔다. 그리고 일본 화폐를 인정하기에 이르렀다.

이렇게 어수선한 때, 신채호는 드디어 성균관 박사가 되었다. 1905

년 2월. 그의 학문적 천재성에 비하면 뒤늦게 등용된 셈이었다. 하지만 본래부터 신채호는 관리가 되는 것에 매달리지 않았다. 오직 학문하는 선비로서 가야 할 곧은길만 생각했다.

박사가 되면서 신채호는 상투를 잘랐다. 그건, 고리타분한 구습에서 벗어나 혁신을 꾀하려는 스스로의 맹세였다. 또한 나라를 위한 일에 목을 내놓는다는 비장한 결의였다.

성균관 박사가 되었지만 당장 달라진 것은 없었다. 신채호는 하던 일을 계속했다.

문동학원은 규모가 늘어 산동학원으로 바뀌어 있었다. 〈황성신문〉에 있는 위암 장지연이 그를 찾아온 건 이 무렵이었다. 〈황성신문〉은 국한문을 섞어 쓰는 일간 신문이었다. 1898년 창간 때는 독립 협회 기관지의 하나였으나, 차츰 비판적인 논조로 인기와 지지를 받고 있는 신문이었다.

"사람이 필요하네. 자네와 함께 일했으면 좋겠는데, 어떤가?"

신문사의 주필인 장지연은 신채호를 초빙할 뜻을 비쳤다. 신채호는 망설였다. 뜻밖의 일이라 마음을 갑자기 정하기가 어려웠던 것이다. 더구나 〈황성신문〉에는 남궁억, 유근, 장지연, 박은식 등 유명한 인재들이 포진하고 있지 않은가.

"선생님, 변변치 못한 서생을 이리 높여 주시니 고맙습니다. 생각할 시간을 주십시오."

"생각할 게 뭐 있어. 왜, 관리의 길에 미련이 있는가?"

성균관 박사에게는 벼슬길이 열려 있다는 것을 장지연은 알고 있었다. 신채호는 단호하게 고개를 저었다.

"아닙니다. 전, 이 시대에 제가 꼭 필요한 일을 하고 싶습니다."

"과연, 내가 사람을 제대로 봤구먼. 그럼 무얼 망설이나. 작년에 성

균관에서 자네가 기초한 항일 성토문을 보았어. 자네 붓에는 힘이 넘치더구먼. 글로써 우리 사회를 계몽해 주게나."

장지연의 눈에 간절함이 물기로 번들거렸다. 신채호는 눈을 내리깔았다. 잠시 후, 그가 다시 장지연을 똑바로 응시했다.

"하지요. 의병으로 나가지 못하는 대신 붓으로 싸우겠습니다."

"잘 생각했어. 우리, 나라를 위해 뛰어 보세."

신채호는 마음을 굳혔다. 붓 한 자루로, 도도하게 밀려오는 일본의 세력과 싸울 것. 더불어 부패한 무리에게 일침을 가할 것을…….

당시 신문의 임무는 막중했다. 일본에 대항하여 나라를 구하는 일에서부터 애국 계몽 운동에 이르기까지 빠지지 않았다. 신문이 대표적인 민족 운동 세력의 하나였던 것이다.

그해 1905년 9월, 미국 대통령 루스벨트의 주선으로 포츠머스 강화 조약이 맺어졌다. 러·일 전쟁에서 승리한 일본은 조선에 대한 보호권 및 이권들을 넘겨받았다. 조선의 주권을 강탈하는 데 열강의 보증을 받은 셈이었다.

일본은 곧 이토 히로부미를 한국에 파견했다. 일본군이 대궐을 포위한 가운데 보호 조약이 강요되었다. 불법 조약에 반대한 참정 한규설은 일본 헌병이 끌어내었다.

마침내 1905년 11월 17일, 을사조약이 체결되었다. 이로써 조선은 일본의 보호국이 되고 외교권은 박탈당했다.

조약의 소식에 온 백성은 치를 떨었다. 이완용 등 나라를 팔아먹은 오적을 규탄하고, 조약이 무효임을 주장했다.

〈황성신문〉은 저항의 선봉에 섰다. 불법적인 조약에 관한 것을 상세히 보도하고, 분통 터지는 국민의 마음을 논설로 실었다. 장지연이 쓴 '시일야방성대곡'이었다.

497자의 이 논설로 황성신문은 즉시 압수당했다. 사장과 10여 명의 사원들은 경찰청에 구속되었다. 사전 검열을 받지 않았고, 치안을 방해했다는 죄를 쓴 것이었다.

〈대한매일신보〉의 주필로 있던 양기탁이 신채호를 찾은 건 얼마 후였다.

"신 선생, 우리와 같이 일합시다. 황성신문은 언제 문을 열게 될지 몰라요."

"예, 기한도 없이 신문을 낼 수 없게 되었어요."

"언제까지 기다릴 수 없잖소. 이제 대한매일에서 예리한 필봉을 휘둘러 보시오. 우리 신문은 일제의 검열을 받지 않아요."

양기탁은 차근차근 설득해 나갔다.

〈대한매일신보〉는 베델이라는 영국인이 경영하는 신문이었다. 영국 〈데일리 뉴스(The Daily News)〉지의 임시 특파원으로 조선에 와 있던 베델이 신문을 창간한 것은 1904년 7월 18일이었다. 영국인이 경영하는 덕에 신보는 일본의 검열에서 제외되었다. 따라서 정면으로 일본을 공격하고 비판할 수가 있었다.

"국한문 혼용판, 영문판, 국문판 합쳐서 1만 6, 7천 부가 발행된다오. 신 선생 열의면 해볼 만할 거요."

그 말은 자랑도 과장도 아니었다. 항일 민족지로서 〈대한매일신보〉는 으뜸이었다. 사실을 은폐하지 않고 충실히 보도하는 신문에 인기와 관심이 큰 건 물론이었다.

〈황성신문〉 사건으로 울분을 터트리고 있던 신채호는, 일제의 눈치를 살피지 않고 마음껏 기사를 쓸 수 있는 〈대한매일신보〉에 마음이 동했다.

6. 민족의 심장을 치는 한 자루 붓

　대한매일신보사 정문 앞에 난데없이 방이 나붙었다. 신보의 주필이 일본 헌병 사령부에 잡혀갔던 사건이 있은 뒤 출현한 것이었다.
　'일본인은 절대로 들어올 수 없음.'
　을사조약 이후에도 〈대한매일신보〉의 기개와 투지가 꺾이지 않았다. 1906년, 전국에서 일제에 항거하는 의병이 일어나자, 신보는 어김없이 보도에 나섰다.

　홍성에서 첫 의병이 일어났다. 민종식 등이 선두에 섰는데, …….
　평민 출신 신돌석, 경상도 일월산에서 의병으로 앞장서다…….

　살벌한 시기였지만, 신보는 항일 의병에 관해 되도록 충실히 알리려고 애썼다. 그리고 이듬해, 1907년 1월 말이었다. 또 다른 놀라운 사건이 신문사에 입수되었다.
　"서상돈, 김광제 등이 대구에서 국채 보상 운동을 시작한답니다. 일

제가 대한제국에 강제로 떠맡긴 돈이 1천 3백 원인데, 그걸 국민들이 모아서 갚자는 겁니다."
"정말 굉장합니다. 크게 기사화해서, 각계 각층의 참여를 끌어내야겠어요."
"그래요. 우리 신문이 나서면 좀 더 빠르게, 전국으로 확산될 수 있어요."

다른 신문도 국채 보상 운동 기사를 실었지만, 〈대한매일신보〉는 중심 역할을 맡고 나섰다.

빚을 갚지 못하면 일제의 압박에서 벗어나지 못한다는 위기감이 고조되고, 성금은 전국에서 모여들었다. 남자는 술을 끊고, 여자들은 반지나 패물을 내놓았다. 반찬값을 아껴서 내기도 했다. 신보는 여러 차례 이 문제를 논설로 다루었다. 신채호도 적극 이 운동을 장려하는 논설을 썼다. 그리고 성금을 마련하기 위해 줄담배인 그가 담배를 끊었다.

조선 전체가 나랏빚을 갚자고 떠들썩했다. 당황한 일제 통감부는 대한매일신보사의 총무 양기탁을 덜컥 구속했다.

"양기탁은 모여드는 국민 성금을 관리하면서, 몰래 돈을 빼돌리고 가로챈 혐의가 있다."

난데없이 횡령죄를 덮어씌운 것이었다. 이는 〈대한매일신보〉와 국채 보상 운동을 탄압하기 위한 일제의 계략이었다. 양기탁은 두 달 뒤 무죄로 풀려 나왔다. 하지만 터무니없는 그 사건으로 국채 보상 운동은 흐지부지되고 말았다. 모아진 성금은 일제 통감부에 몰수되었다. 이 성금은 어처구니없게도 '일진회'의 자금으로 쓰여졌다. 국민의 피땀으로 모은 돈이, 매국에 앞장선 단체의 돈줄이 된 줄 누가 알았으랴.

대대적인 국민 운동이 실패로 돌아가자, 신채호는 심각한 고민에 빠져들었다.

'국민 모두가 애국심으로 똘똘 뭉치면 조선은 다시 일어선다. 그렇다면 국민들에게 애국심을 일으킬 방법을 찾아야 해.'

그는 골똘히 궁리한 끝에 하나하나 해답을 얻어 나갔다.

'먼저 나 자신의 뿌리, 민족을 바로 알아야 한다. 그게 애국의 필수

조건이야.'

그러려면 힘 있게 살아 있는 역사, 민족의 혼이 담긴 국사가 존재해야 했다. 굳건한 민족사는 나라를 흥하게 하는 버팀목이 될 것이다. 신채호는 곧바로 역사 연구에 열을 올리기 시작했다. 남아 있는 고서적을 뒤지고, 중국과 일본의 관련 책도 밤을 새워 독파해 나갔다.

그가 보기에 애국심과 역사 외에도, 민족이 강해지는 원동력은 더 있었다. 바로 '희망'이었다. 앞날에 대한 희망 또한 민족 독립에 있어 꼭 필요한 요건이었다. 때마침 1907년 11월에 '대한 협회'가 발족되었다. 1년 전 장지연과 윤치호 등이 만들었던 '대한자강회'가 강제로 해산된 후 다시 조직된 단체인데, 전국에 60여 개나 되는 지회를 두고 회원수도 수만 명이 되었다. 신채호는 협회의 기관지에 '대한의 희망'이란 제목으로 그의 희망론을 펼쳤다.

오호, 금일 우리 대한에 무엇이 있는가. 국가는 있지만 국권이 없으며, 인민이 있지만 자유가 없으며, 화폐는 있지만 주조권이 없으며, 법률은 있지만 사법권이 없으며, 삼림이 있지만 우리의 것이 아니며, …… 철도가 있지만 우리 것이 아니다. 그러면, 교육에 열심하여 미래 인물을 길러 낼 대교육가가 있는가. 그도 없으며…… 대철학가, 대인문학가도 없으며 대이상가, 대모험가도 없다.

글머리부터 일제의 사슬에 묶인 민족의 현실이 가슴을 치게 만들었다. 그야말로 절박한 위기에다 암담한 상황이었다. 하지만 한탄에 그치지 않고, 뒤이어 해결책을 내놓았다. 다름 아닌 '희망과 의지'였다.

희망이란 자는 만유의 주인이라. 참다운 희망은, 현재의 절망적인 상황에서 나올 수 있다. …… 미래의 행복을 위해, 우리 민족은 현재의 희망과 의지를 바탕으로 힘을 키워야 한다.

그는 단순히 주장만 앞세우지 않았다. 스스로 늘 희망 가운데 살려고 노력했고, 역사 연구 또한 민족의 미래를 위한다는 희망으로 지속했다.

1908년 8월, 신채호의 역사 연구에 첫 열매가 맺혔다. 한국 고대사 연구의 방향과 관점을 제시한 〈독사신론〉이었다. 당시는 일제의 침략을 정당화하는 식민지 사관이 판치는 때였다. 하지만 이 논문은 식민지 사관을 최초로, 철저하게 부정한 것이었다. 중국을 떠받들던 조선의 낡은 사대주의 사관도 배격했다. 신채호는 〈독사신론〉의 서론에서, 지나간 역사를 '무정신의 역사'로 규정했다.

무정신의 역사는 무정신의 민족을 낳으며, 무정신의 국가를 만들리니, 어찌 두렵지 않으리요.

그는 우리 민족을 역사의 주인공으로 바로 세우려 했다. 그래서 기존의 잘못된 역사책, 특히 김부식의 〈삼국사기〉를 비판했다. 한국사를 중국사 아래에 두고 그 부속물로 본 사대주의 사관을 철저히 반대한 것이다. 그는 중국의 한족에 대립되는 '부여족'을 우리 민족의 중심 세력으로 내세웠다. 단군의 고조선에서 부여족, 이어 고구려로 발전해 온 역사를 한민족 주체의 역사로 보았다. 그 동안 제외되었던 발해사를 민족사에 넣음은 물론이었다.

또한 대한제국 학부에서 만든 국사 교과서를 질타했다. 조선의 역사를 반도 안에 묶으려는 일제의 반도 사관과, 식민지 사관으로 한국사가 위축되고 잘못되어 있음을 꼬집은 것이었다. 당시 일본 학자들은 일본의 신라 정벌과 임나 경영설 등을 끈질기게 주장해 왔다. 일찍부터 일본이 한반도를 다스렸다는 것이다. 그것은 현재의 조선 침략을 정당화하려는 수작이었다.

신채호가 이처럼 고대사에 매달린 것은 까닭이 있었다. 힘차고 강했던 조상들을 통해 자신감과 긍지를 되찾고, 사라져 가는 민족사의 정신적 기둥으로 삼으려는 것이었다. 이것은 국권 회복이 절실한 현실에 꼭 필요한 바탕이었다.

'어찌하면 국민들의 애국심을 더 키울까……. 민족을 살릴 애국자가 어서 나와야 하는데…….'

사회적, 국가적 현실에 관한 고민은 한시도 신채호의 뇌리를 떠나지 않았다.

'애국자가 어느 때보다도 필요한 시대다. 입과 붓으로만 하는 애국자가 아니라 뼈, 피, 살갗, 얼굴, 머리털 등 신체 각 조직이 모두 애국심으로 절여져야 한다. 누울 때나 앉을 때도 나라 생각이며, 노래를 불러도 웃고 울어도 나라여야 해.'

생각 끝에 번역서인 〈이태리 건국 삼걸전〉을 펴냈다. 마치니, 카보우르, 가리발디라는 이탈리아 건국 영웅들의 활동과 업적을 담은 책이었다. 그들 세 사람처럼 조국을 살릴 민족의 영웅이 나타나길 바란 것이었다. 그는 민족사에서도 을지문덕과 이순신, 최영을 찾아내 이야기로 만들었다. 〈을지문덕〉, 〈수군 제일 위인 이순신전〉, 〈동국 거걸 최도통전〉이었다. 이들은 모두 중국 수나라와 일본 등 외세와의 싸움에서 크게 승리한 민족적 영웅들이었다. 결국 청나라와 일본, 러시아 등 외세에 시달리고 있는 한말의 현실을 그대로 반영한 셈이었다.

이 글들은 인기를 끌며 널리 읽혔다. 학교에서 교과서로 쓰일 정도였다. 신채호의 바람대로 애국심을 키우는 데 절대적인 역할을 한 것이었다.

영웅은 그의 논설에도 등장했다. 신채호는 국민적인 영웅이 각계에서 나와 새 시대를 짊어지고, 탄탄한 자주 독립 국가를 세워야 한다고 주장했다.

……오호라! 국민적 영웅이 있어야 종교가 국민적 종교가 될 것이며, 국민적 영웅이 있어야 학술이 국민적 학술이 될 것이며, 국

민적 영웅이 있어야 실업이 국민적 실업이 될 것이며, 미술가가 국민적 미술가가 될 것이오. ……국민적 종교, 국민적 학술, 국민적 실업가, 국민적 미술가가 된 연후에야 동국이 동국이 될지니, 국민을 부름이여, 영웅을 부름이여!

그는 애국 계몽 활동만 한 것이 아니었다. 1907년 9월에는 항일 비밀 단체인 신민회에 참여했다. 신민회가 결성되기에 앞서, 네덜란드에서는 만국 평화 회의가 열렸다. 이상설, 이준, 이위종 등이 고종 황제의 특사로 헤이그에 파견되었다.

"대한제국이 자주 독립 국가임을 전 세계에 알리시오."

그러나 특사는 회의에 참석조차 하지 못했다. 오히려 그 사건을 빌미로 일제는 정미 7조약을 강요했다. 통감부에 차관을 두고 직접 조선을 통치하겠다는 야심이었다. 결국 이 조약에 이어 고종 황제는 강제로 폐위되었고 군대도 해산당했다.

애국지사들은 초조했다. 좀 더 새로운 독립 운동 조직과 그 방향을 한시바삐 찾아야만 했다. 양기탁, 이갑, 이동녕, 이회영, 안창호, 이동휘, 김구, 신채호 등은 서둘러 단체를 조직했다.

"우리 신민회는 먼저 국민들에게 민족 의식과 독립 사상을 고취합시다. 그리고 동지를 찾고 단합해서 민족 운동의 힘을 모읍시다."

"청소년 교육을 진흥시키는 일도 중요합니다. 우리의 교육 기관을 설치해야지요."

"그러려면 재정이 넉넉해야 합니다. 자금을 늘이기 위해 상공업 기관들을 만들어야 해요."

이렇게 만들어진 신민회는 철저하게 비밀 모임이었다. 민족 의식이 투철한 사람들로 조직하되, 엄격하게 심사를 한 뒤에야 회원으로 받아들였다. 각 회원의 활동은 겉으로는 합법적이어야 했다.

신채호는 신민회의 이론가이며 대변인 역할을 담당했다. '대한신민회 취지서'를 기초했으며, 후에 만들어진 청년 학우회의 '청소년 학우 취지서' 또한 초안을 잡았다.

그는 나라를 위한 일에는 몸을 사리지 않았다. 1907년에는 〈가정 잡지〉를 만들기 시작했다. 잡지의 독자는 획기적으로 여성들이었다. 여성을 깨우치는 일이 중요함을 깨닫고 순 한글로 잡지를 펴낸 것이었다. 그러나 주위에서는 그의 태도를 못마땅해했다.

"암탉이 울면 집안이 망해. 여자는 살림이나 잘하면 되는 거여."

"암, 여자가 글을 알아 뭐 하고, 배워서 뭐에 쓸 건가. 얌전히 집안일만 하면 되지."

신채호는 고개를 설설 저었다. 상대가 누구든 그런 뒤떨어진 말에 가만히 있을 그가 아니었다.

"낡은 생각을 아직도 하오? 여자는 집안의 기틀이오. 여자가 깨어야 집안이 깨어나요. 집안이 깨어야 남자가 깨는 법이오. 한 집안도 나라의 장래도 여자를 보면 알 수 있는 거요."

옳다고 믿으면 절대 뜻을 굽히지 않는 신채호였다. 그렇다 보니 그

가 비판해야 할 적은 곳곳에 있었다. 우리나라를 침략하려는 일본 제국주의, 나라를 팔아먹으려는 관료, 민족이 안고 있는 케케묵은 병폐들……. 그중에서도 친일 세력은 결코 그냥 넘길 수 없는 적이었다. 신채호는 '일본의 3대 충노'라는 사설을 써 냈다. 일본에 충성스런 노예 노릇을 하는 세 사람을 성토한 내용이었다.

제일 충노 송병준은 일진회를 조직하여 5조약 때에 선언서로 일등 공신이 되고, 그 수하 정병 사십만 명으로 일본에 아첨하여 자위단 토벌대로 전국을 어지럽게 하며, 제이 충노 조중응은 동아개진 교육회의 우두머리가 되어 팔십만 명 보부상을 끌어 모아 이토 히로부미의 명령에 따르며, 제삼 충노 신기선은 이토 히로부미의 돈 일만 원으로 대동 학회를 확장하여 유교를 보호한다 하고, 포고문을 발표해 국내 유림을 위협해 일본에 복종케 하고자 하니…… 인심이 있는 한국인이여, 저 무리의 속임수 가운데 빠지지 말지어다.

제삼 충노라 꼬집은 신기선은 일찍이 청년 신채호를 성균관으로 보내 준 은인이었다.

사설을 쓰는 신채호가 마음이 편할 리 없었다. 그러나 개인적인 은혜를 입었다고 해서 매국 행위를 눈감을 수는 없었다. 민족을 배신한 이상, 신기선은 이미 예전의 대감이 아니었다.

민족의 심장을 치는 신채호의 붓은 멈추지 않았다. 그는 '여우인절교서'를 썼다. 친일 단체인 일진회에 가담한 친구에게 절교를 선언하는 편지글 형식의 사설이었다.

……평일에 눈을 부릅뜨며 팔뚝을 뽐내고 천하 일을 논란하던 노형이 일진회에 들었단 말인가. 항상 하늘을 부르짖으며 땅을 두

드리고 나라를 위하여 한번 죽지 못하는 것을 한탄하던 노형이 일진회에 들었단 말인가. ……노형이 언젠가 우리나라는 사천 년 이래로 하루도 완전한 독립이 없음을 홀연히 탄식하기에 노형의 조국을 나삐 여기는 것을 의심하였으나 일진회에 들 줄은 알지 못하였으며, 노형이 향일에 우리나라를 힘으로는 필경 자주 독립하지 못하겠다 하기에, 노형의 동포를 업신여기는 것을 애석히 여겼었으나 일진회에 들는지는 알지 못하였으며…….

오호라. 내가 이로 좇아 노형과 절교하니, 노형이 지금 일진회에 든 바에야 내가 비록 아니 끊고자 한들 아니 끊을 수 없으니, 오호라. 내가 노형을 끊지 아니하면 조국이 장차 나를 끊을지며 동포가 장차 나를 끊을지니, 내가 노형은 끊을지언정 어찌 조국과 동포에게 끊치리오…….

신채호의 논설들은 많은 국민과 청년을 감동시키고 깨우쳤다. 그들은 점차 나라와 겨레를 사랑하게 되고, 조국을 위해 나설 용기를 길렀다. '제국주의와 민족주의', '금일 대한 국민의 목적지'라는 사설에서는 우리 민족을 보존할 수 있는 길을 다시금 확인하기도 했다.

우리 민족의 나라는 우리 민족이 주장한다.
그 문은 독립이며, 그 길은 자유니, 국가의 정신을 발휘하고 만유의 사업을 국가에 바쳐 신성한 국가를 보유함이 대한 국민의 목

적지니라.

 신채호는 오직 자주적이고 저항적인 민족주의를 부르짖었다. 그것만이 조선을 빼앗으려는 일본 제국주의에 맞설 수 있는 유일한 길이기 때문이다.

7. 순수한 고집불통

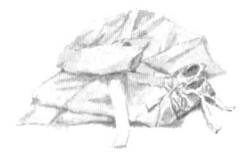

신채호는 날로 유명해졌다. 배움이 있는 지식인은 물론 일반 민중들까지도 그를 추앙했다. 하지만 칼날 같고 빈틈없는 글과는 달리, 그의 생활은 허술하기 짝이 없었다. 특히 겉치레 같은 건 전혀 개의치 않았다.

그는 신문사에 출근을 할 때나 외출할 때 늘 추레한 검은 두루마기 차림이었다. 그리고 자기 발보다 더 큰 베로 짠 신을 질질 끌다시피 다니면서도 끈을 졸라맬 생각도 하지 않았다. 하얀 얼굴에다 숱 없는 까만 콧수염, 초라한 옷차림. 신채호는 기인 취급까지 당했다. 그를 존경하고 있던 수주 변영로가 한번은 싫은 소리를 했다.

"선생님, 아무리 바쁘셔도 신경 좀 쓰세요. 남들이 흉보겠어요."

저고리 고름이 풀어진 것도 모르고 그가 일에 열중하고 있었던 것이다. 신채호는 뚝딱 고름을 동였다. 앞섶이 달려 올라가며 옷이 틀어졌다.

"옷 태가 안 나잖아요. 다시 매시지요."

허물없는 사이라 변영로가 재차 잔소리를 했다. 신채호는 성가신 얼굴로 고름을 축 잡아당겼다. 옷고름이 힘없이 떨어지면서 속옷이 드러났다. 순간, 변영로는 어안이 벙벙해졌다.

"선생님!"

"또 왜 그러시겨오?"

신채호의 충청도 사투리가 퉁명스러웠다.

"이 무슨 변괴세요? 여자가 입는 진홍색 속옷을 입으시다니……."

변영로는 저도 모르게 주위를 살폈다. 신채호는 멍한 표정으로 속옷을 내려다보았다.

"이게 여자 옷이오? ……내가 이런저런 것을 알 길이 있소. 저번에 어느 점포를 지나가다가 하도 빛깔이 고와서……."

말을 흐리며 웃음을 띠는 모습이 어린아이 같았다. 변영로는 허허 웃고 말았다. 어리석다 할 만큼 순수한 그런 면에서 소탈함과 풋풋한 인간미가 느껴지는 것이었다.

신채호는 어이없는 실수도 잘 저질렀다. 그가 황성신문에 근무할 때였다. 하루는 변영로를 찾아왔는데, 안색이 어쩐지 침울해 보였다.

"뭐, 언짢은 게 있어요? 이상하십니다, 무슨 일입니까?"

"아니, 별거 없소."

"단재 선생님, 섭섭한데요. 안 털어놓으시면 앞으론 나도 입 다물 거요."

변영로는 필경 무슨 일이 있다 싶어서 너스레까지 떨며 말 독촉을 했다. 신채호가 떨떠름하게 입맛을 다셨다.

"내가, 월급 봉투를 주머니에 넣고 집으로 향하고 있었네……."

그는 황성신문사에서 일하는 대가로 삼사십 원의 월급을 받았다. 그것은 가족이 그달 그달 살아 나가는 더없이 소중한 돈이었다. 그런데 한참 길을 가는 중에 난데없이 비가 퍼붓기 시작했다. 신채호는 급히 어느 집 처마 밑으로 뛰어 들어갔다. 문제는 그 뒤였다. 그 집 대문이 빠끔히 열리더니 머리에 기름기가 반지르르하고 분을 곱게 바른 여자가 갸웃이 얼굴을 내밀었다.

"아이고 저런, 비를 맞으셨네."

"……."

"누추하지만 잠깐 들어오세요. 비가 좀 뜸해지면 가시고요."

여자가 상냥하게 권하자, 신채호는 의심 없이 받아들였다. 잠시 비를 피하리라 가벼이 여긴 것이었다. 방에 들어가자, 미리 준비한 것처럼 술상이 들어왔다. 여자는 갖은 아양을 떨며 술을 권했다. 마침 출출하던 참이라 신채호는 몇 잔을 받아 마셨다. 두세 잔쯤 마셨나 보았다. 원체 술이 짧은 신채호는 곧 잠에 곯아떨어지고 말았다. 그리고 잠에서 깨어나 집으로 돌아와 보니, 월급 봉투는 텅 비어 있었다.

"그런데 그냥 계셨단 말입니까? 허어, 참으로 세상에 어두운 분이십니다."

변영로는 어처구니가 없어서 이맛살을 찌푸렸다. 그런 경우라면 당장 달려가 돈을 되찾고, 혼쭐내야 할 것이 아닌가. 그러나 신채호는 고개를 저었다. 그는 확실히 남다른 사람이었다. 실수투성이고, 작고

사소한 것을 개의치 않는 건, 아마도 마음이 온통 대의를 향하기 때문일 것이다.

　얼마 전엔 이런 일도 있었다. 그러니까……, 1908년을 보내는 마지막 밤이었다. 그날 친구들은 모처럼 한자리에 모여 밤을 새우고, 새해 아침을 맞기로 했다. 밤이 깊어지면서 친구들은 차차 비스듬히 누운 자세로 이야기를 나누었다. 그런데 별안간 요란한 콧소리가 들리는 것이었다. 자분자분 나누던 말소리가 뚝 그쳤다.

　"저런, 저런, 단재 저 사람이……."

　신채호가 코를 골며 혼자서 잠을 자고 있었다.

　"밤을 새기로 했으면서, 그렇게 자는 법이 어디 있소? 일어나요."

　친구들은 세상 높을 줄 모르고 콧바람을 일으키는 신채호를 깨웠다. 그는 일어나기는커녕, 눈을 꼭 감은 채 태연하게 대꾸했다.

　"상관 있소. 잠자면서 밤을 새웁시다, 그려."

　친구들은 멀뚱멀뚱 눈만 부딪혔다. 워낙 소탈하고 꾸밈없는 줄은 알지만, 틀에 매이지 않는 그의 행동은 엉뚱하고 황당할 때가 많았다.
　돌아누운 신채호는 학처럼 비쩍 마르고 병색이 돌았다. 이마에 얹고 있는 손가락은 가늘디가늘고 손톱에는 윤기도 없었다. 정말 겉모습만으로는 남산골 샌님처럼 옹졸하여 고리삭은 선비 같았다. 잠을 자고 있으니 날카롭게 빛나는 두 눈이 보일 리 없었다. 부드러운 목소리도 들리지 않았다. 서릿발같이 쌀쌀한 사람 같지만 사람을 대할 때면 봄바람같이 부드러운 인상도 느낄 수 있었다.

"하여튼 고집불통에 괴짜야. 누가 뭐라 하든 간에 자기 주장을 꺾는 법이 없어."

"기백이 대단해. 강철 같은 의지하며, 절대 자기를 굽히지 않는 건 조선 최고일 게야."

"사람이 굽힐 때도 있어야지. 그렇게 뻣뻣해서 요즘 같은 시대에 어디 목숨 부지하겠어?"

"아닐세. 그른 것과 절대 타협하지 않는 정신은 우리 모두 배워야 한다고 봐."

"맞네, 단재는 대의와 진실에 충실한 참 선비일세. 그걸 버리느니 죽음을 택할 사람이야."

친구들은 단잠에 빠진 신채호를 바라보며 다시 지난 이야기를 주고받았다.

조선에서 유일한 사학자, 손꼽히는 한문학자, 날카로운 평론가. 하지만 생활은 소홀한 사람. 신채호는 건망증도 심했다. 툭하면 "무얼 놓고 왔어." "무얼 잃어버렸어." 하며 허둥거렸다. 친구들은 "그럼, 잃어버렸다는 것은 어떻게 기억하시오?" 하고 놀리기도 했다. 그는 주의도 어지간히 부족했다. 언젠가 용돈이 떨어져서 회계에게 돈을 조금 빌려 달라고 부탁한 적이 있었다. 회계는 곧 신채호의 책상 위에 돈을 갖다 놓았다. 그는 별 생각 없이 돈의 일부만 가져갔다.
"단재는 과연 학자님이야. 옛날에 학자는 돈을 모른다더니 정말이로구먼!"

나중에 돈을 발견한 회계는 나머지를 신채호에게 마저 갖다 주었다. 그렇게 무심했다. 하지만 그 반면, 남과는 함부로 사귀지 않는 까다로움이 있었다. 물론 기개와 절조가 있는 사람과는 허물없이 가까워졌다. 대의를 위한 일이라면 자기 한 몸의 편안함이나 가난에 매이지 않았다. 그는 친구들과 시국이나 역사, 글에 관한 얘기로 즐겨 밤을 새웠다. 일단 토론에 들어가면 격렬한 말투로 주장을 내세웠다. 친구라고 양보하는 법은 없었다. 그래서 친밀한 사이도 가끔 언쟁을 벌이고, 심할 때는 몇 달씩 서로 만나지 않기도 했다.

속옷 사건이 있고 얼마 후였다. 신채호가 어슬렁어슬렁 변영로의 사랑방을 들어섰다. 좀처럼 집에 진득하니 붙어 있지 않는 그는 종종 변영로를 찾곤 했다.

"아이고! 어서 오십시오, 선생님."

변영로는 변함없이 반갑게 맞이했다. 그런데 신채호의 허리춤에 무언가 뒤룽뒤룽 매달려 있었다. 무언지 참 이상했다. 민망하게도 자꾸 눈길이 가는 걸 어쩔 수 없었다.

"그게 무엇이오?"

신채호는 얼른 몸을 돌려 감추려 했다.

"너는 알 거 아니다."

"알면 좀 어떠오?"

"내 환약······. 위장병 때문에 한 재 지었어."

"환약을 왜 뒤웅박 모양으로 볼썽사납게 차고 다닙니까?"

약을 집에다 두고 먹을 것만 가지고 다닐 것이지, 한꺼번에 달고 다닐 게 무어란 말인가. 변영로는 궁금증을 견딜 수 없어 채근했다. 신채호는 씁쓰레한 얼굴로 마지못해 대답했다.

"집사람이 주책없이 훔쳐 먹어서 할 수 없이······."

변영로는 눈이 동그래졌다. 집에 두면 아무거나 먹어 버리는 먹성 사나운 부인 때문에 약을 차고 다니면서 먹는다니. 하늘 아래 몸 약한 남편의 약을 죄 먹어 버리는 아내가 또 있을까? 그러나 한편으로는 안타까움으로 가슴이 찡했다.

'단재 선생은 그저 조국과 민족뿐이다. 그를 위해선 물불을 가리지 않으셔. 그러니 가정은 소홀하실 게야. 신경 쓸 겨를도 없으실 테고······.'

단재가 사는 삼청동 집에는 부인과 조카딸 향란이 살고 있었다. 신채호는 향란에게 각별했다. 세상에 없는 형을 생각하면 향란이 가엾고, 그럴수록 잘해 주려고 애를 썼다. 하지만 아내와는 늘 데면데면했다. 학식이 부족하고 슬기롭지 못한 아내에게는 세월이 흘러도 정이 쌓이지 않았다.

그런데 다행히도 신채호에게 아들이 태어났다. 결혼한 지 14년 만

에 본 첫아들, 그의 나이 서른이었다.

그는 아들을 무척 사랑했다. 평소 집에는 통 재미를 붙이지 못한 사람이 집으로 발길을 재촉하고, 자식 양육에 관심을 보였다. 젖이 부족하다는 말을 듣곤, 그날로 '독수리표 분유'를 사들이기도 했다. 없는 살림에 가진 돈을 다 털어 10통이나 사들였다. 그런데 부인은 감각이 무디고, 여전히 구식 사람이었다. 분유의 양이나 온도를 잘 조절하지 못하고, 내키는 대로 해 버렸다.

아기는 대충 타 주는 우유를 먹고 체해 버렸다. 그리고 그 길로 세상을 떠나갔다.

신채호는 가슴이 미어지는 것 같았다.

"이럴 수가……. 모처럼 고생하여 낳은 아들을 젖에 체해 죽게 하다니……!"

도저히 감당할 수 없는 그의 슬픔은 분노로 돌변했다. 그는 나머지 분유통을 한데 모아 들고 집을 나갔다. 그 길로 삼청동 냇가로 달려나가, 도끼로 분유통을 찍어 대기 시작했다.

'관일아! 아, 관일아!'

맑은 개울이 삽시간에 뿌연 우윳빛 물줄기로 흘러내렸다. 미친 듯이 도끼를 휘둘러 대는 신채호의 옷자락은 온통 번쩍거리는 무늬로 범벅이 되었다.

8. 정처 없는 망명길

1909년 12월이었다.

친일 단체인 일진회에서 한·일 합병을 건의하는 성명을 냈다. 황제와 통감, 이완용에게는 '합방 상소문 급청원서'가 제출되었다. 모두 조선 합병을 합리화하려고 일제가 조종한 일이었다.

신채호는 당장 사설 '한일 합병론자에게 고함'을 실었다. 일제 침략의 부당성과 일진회의 매국 행위를 맹렬히 규탄한 것이다. 그러나 태부족이었다. 이미 경찰권을 장악한 일제에게 웬만한 저항은 전혀 문제가 되지 않았다. 민족 운동의 지도부인 신민회 간부들은 서둘러 비밀 회의를 열었다.

"일제의 합병 계획이 거침없이 추진되고 있어요. 곧 나라 망하는 걸 보게 생겼단 말이오. 무슨 수가 없겠소?"

"일제는 무력으로 압박하고, 친일파들은 앞장섭니다. 우리로선 당할 수가 없어요. 좀 더 현실적이고 합리적인 길을 찾아야 해요."

감시의 눈을 피해 이갑과 양기탁의 집을 오가며 회의가 계속되었다. 주요 참석자는 안창호, 이종호, 김지간, 최린, 신채호 등이었다.

"사태가 긴박하오. 이젠 제대로 활동할 수도 없겠어요. 일제의 감시망이 올가미 같습니다."

"나라 밖 안전한 곳에다 기지를 세웁시다. 기지를 바탕으로 일제와 지속적으로 싸우는 겁니다."

"좋소. 거기에다 무관 학교도 세우고, 우리 민족을 집단적으로 이주시킬 방도도 찾지요."

이들은 독립 운동 기지에 적합한 지역을 검토했다. 서북간도, 연해주, 시베리아, 북만주, 미국 등 동포들이 살고 있는 각 나라가 두루 의논되었다.

신민회 회원들은 각기 역할과 임무를 나누었다. 망명 인사를 결정하고, 기지 건설은 망명 인사들이 맡았다. 일부는 국내에 남기로 했다. 나라 안에도 독립 운동의 거점이 필요하고, 자금과 동포의 지도를 맡아야 하는 것이다. 신채호는 회의의 결정에 따라 망명하게 되었다.

그는 떠나기 전에 주변을 정리하기로 마음먹었다. 망명 생활이란 훗날을 약속할 수 없고, 다른 소소한 신경을 쓸 틈이 없다고 본 것이었다. 먼저, 부인과 헤어지기로 했다. 결혼 생활 내내 서로 겉돌았던 사이라 부인도 순순히 동의했다. 부인에게는 논 다섯 두락을 사주어 친정으로 돌려보냈다. 문제는 조카딸 향란이었다. 당장 머물 곳 없는 타국에 데리고 갈 수도 없고, 달리 가족도 없었다. 신채호는 고민 끝에 신민회 동지인 임치정에게 부탁했다.

"임 동지, 향란인 내 하나뿐인 핏줄이오. 어려운 줄 알지만, 우선 돌

봐 주시오."

"내 딸처럼 거두겠어요. 걱정 말고 단재나 조심하세요. 고생이 몹시 심할 거요."

"고맙소. 동지만 믿고 갑니다. 이젠 홀가분하게 독립 운동에만 전념할 수 있겠군요."

마침내 망명이 실행되었다.

일제의 감시를 피해, 여러 갈래로 나뉜 망명객들은 변장을 하고 국경을 넘기로 했다.

"신 동지, 칭다오에서 만납시다!"

"조심들 하시오. 한 분도 낙오 없이 모여야 합니다!"

그들은 각각 다른 길로 국경을 넘은 뒤 중국의 칭다오에서 모이기로 했다. 거기서 좀더 규모가 크고 구체적인 토의를 가질 계획이었다.

신채호, 안창호, 김지간 등은 수로로, 이갑, 이종호 등은 육로를 이용하기로 했다. 신채호는 신문에 연재하던 3대 민족 영웅전의 하나인 〈동국거걸 최도통전〉을 결국 끝내지 못했다.

신채호와 안창호 일행은 고국을 떠나는 도중 정주의 오산학교에 들렀다. 그곳에서 학교를 설립한 이승훈과 교사로 있는 여준을 만났다. 이승훈은 신민회의 평북 총감이었고, 여준은 예전부터 신채호와는 동지이자 친한 선배였다.

오산학교는 민족 의식이 높은 학교라 그들을 환영하는 자리가 마련되었다.

여준이 신채호의 약력을 소개했다. 국내 최대 신문의 주필로 이름을 날린 신채호에게 집중되는 관심은 대단했다. 오산학교 교사인 이광수가 환영 인사를 하는 동안, 학생들의 눈길은 전혀 흩어지지 않았다. 신채호의 모습은 초라했다. 핏기 없는 얼굴에다 숱 없는 콧수염, 그리고 머리는 빡빡 깎아서 정수리가 뾰족해 보였다. 검정 무명 두루마기의 고름은 아무렇게 맸고, 옷섶은 꾸겨졌으며, 때 탄 버선에 미투리를 신고 있었다. 비범한 것은 단 하나, 그의 눈이었다.

드디어 신채호의 답사 차례였다. 그는 천천히 의자에서 일어났다. 그리고 학생들을 죽 둘러보았다. 그의 눈에선 아무의 말도 아니 듣고 아무것도 두려워하지 않을 것 같은 이상한 빛이 발하고 있었다. 학생들은 바짝 긴장했다. 그러나 신채호는 한 마디 말도 없이 그대로 자리에 앉았다.

오산학교에 머무는 동안 신채호와 여준은 한방을 썼다. 두 사람은 골초들이었다. 이들이 이야기에 열을 띨 때면 방 안은 연기로 자욱했다. 얼굴이 보이지 않을 정도였다. 열네댓 살이나 위인 여준은 반말을 하면서도 신채호를 존중하고 아껴 주었다

"단재는 국채 보상 운동 때 담배를 끊지 않았어? 담뱃값 모아서 성금도 냈잖아."

여준이 지난 일을 묻자, 신채호가 살짝 웃었다.

"운동이 좌절된 뒤론 더 피웁니다."

애티 있고 부드러운 목소리였다. 신채호는 때로 눈 가장자리를 붉

히면서 느릿느릿 이야기를 잘했다. 얼굴빛이 흰 그가 싱그레 웃으면 여성다운 점마저 엿보였다. 그러나 화제가 일단 국사 문제에 미치면 그의 눈빛은 갑자기 분기를 띠고 목청은 높아졌다. 표정도 칼날 같은 의지와 절개로 뭉쳐진 듯 삼엄했다. 특히 우리 민족을 역사의 주인 자리에서 밀어낸 김부식 같은 사대주의 역사학에는 더욱 흥분했다. 그럴 때 말고는 여준이 때로 "에잇, 그 원!" 하고 타박을 주어도 "왜 그러시겨오?" 하며 상글상글 웃었다.

신채호의 세수하는 모습은 오산학교의 큰 구경거리였다.

그가 세수를 하면 저고리와 바짓가랑이로 물이 스며들고 바닥도 물바다였다. 절대로 숙이지 않고 씻는 것이었다. 마침내 여준이 간섭을 하고 나섰다.

"에잇, 단재 그게 무슨 세수하는 법인가?"

신채호는 못 들은 체 고개를 빳빳이 하고 두 손으로 물을 찍어다가 발랐다. 두 소매 속으로 물이 질질 흘러 들어갔다.

"머리를 숙여. 그래야 방바닥과 옷이 안 젖지. 대체 왜 세수를 그리 하는가, 응?"

"전, 평생에 머리 숙이기를 좋아하지 않습니다."

대답은 그뿐이었다. 신채호는 세수하는 법을 고치지 않았다. 누구의 말을 들어서 자기 소신을 고치고, 남의 사정이나 감정을 꺼려서 자기의 일을 바꾸는 사람이 아닌 것이다.

1910년 4월에 마침내 압록강을 건너 만주로 들어가게 되었다. 조국

을 등져야 하는 분한 마음을 어찌 말로 표현하랴. 신채호는 먼발치에서 조국 산하와 마지막일지도 모르는 눈맞춤을 했다.

나는 네 사랑
너는 내 사랑
두 사랑 사이
칼로 썩 베면
고우나 고운
핏덩어리가
줄줄줄 흘러
나려오리라
한나라 땅에 골고루 뿌려서
떨어지는 곳마다
꽃이 피어서
봄맞이하리

신채호는 가만히 품에다 손을 대었다. 그가 챙긴 가장 소중한 짐이 손끝에 느껴졌다. 그것은 희귀한 역사책인 〈동사강목〉 친필 원본이었다. 몇 해 전 순암 안정복의 후손에게 빌린 것이었는데, 그는 이 책을 애지중지해 왔다. 다른 것은 다 놓고 가지만, 이 책만은 결코 두고 갈 수가 없었다. 타고날 적부터 성품이 곧고 욕심 없는 그였지만 어쩔 수 없었다.

'미안합니다. 돌려주지 못했소. 하지만 이 책은 앞으로 역사 연구에 귀히 쓰일 것이오. 우리 국사를 연구하고 바로 쓰려면 이 책이 꼭 필요해요. 책은 가져가지만 내 값지게 쓰리다.'

멀리서 아무것도 모르고 있을 책임자에게 신채호는 깊이 사죄했다. 그 말은 자신을 못박는 굳은 다짐이기도 했다.

국경을 무사히 탈출한 후, 신채호는 김지간과 단둥(안둥)에서 배를 탔다. 옌타이를 거쳐 산둥 반도 칭다오로 향하는 배였다. 처음에 동행했던 안창호 등은 중간에서 갈라졌다. 그들은 옹진 근처에서 중국 배를 타고 블라디보스토크를 거쳐 올 예정이었다. 이갑과 이종호·이종만 형제는 앞서서 압록강을 건넜으니, 아마 칭다오에 닿았을 것이다. 그리고 다른 간부들도 속속 모여들 것이다.

'당신의 가르침대로 두려워하지 않고 나섰습니다. 할아버님, 저더러 나라의 기둥이 되라고 하셨지요. 전 작은 주춧돌도 디딤돌도 좋겠어요. 이 한 몸 민족의 독립을 위할 뿐, 삿된 욕심을 부리지 않을 겁니다……'

신채호는 뱃전에 서서 다시 한 번 마음을 다졌다. 크고 작은 물결들이 지치지 않고 뱃전으로 몰려들고 있었다.

9. 첫 망명지, 얼어붙은 블라디보스토크

블라디보스토크의 서북쪽 공동 묘지 지역을 거의 벗어난 곳에 신한촌이 있었다. 일찍이 19세기 말부터 조선인들이 이주해서 개척한 마을로, 이제는 천여 호를 헤아리는 규모가 되었다. 신한촌의 집들은 더부살이 신세를 말하듯 바윗등에 다닥다닥 붙어 있었다. 신채호는 굴딱지 같은 집들 사이를 내려오다 걸음을 멈추었다. 답답했다. 날마다 2천 걸음을 걸어서 속은 좀 편해졌는데, 건강은 그리 좋지 않았다. 푸석푸석한 얼굴은 무언가에 찌들은 것도 같고, 고단해 보이기도 했다.

행인 몇이 흘끔 쳐다보았다. 신채호는 다시 몸을 움직였다. 숨이 가쁘지는 않은데, 아까부터 자꾸 가슴이 짓눌렸다. 웬일일까.

'망명한 지 일 년이 넘었구나. 블라디보스토크에 온 게 작년 여름이었지. 그 동안 무얼 했나…….'

느닷없이 휑한 바람이 마음을 휩쓸었다. 마음만 단단히 별렀지, 막상 세월만 보낸 것 같았다.

'작년에 칭다오에서 회의를 할 땐, 다들 의욕이 대단했어. 뭐든 척척 해낼 것 같았는데…….'

신채호는 지금 '권업회' 준비 모임에 가는 길이었다. 블라디보스토크의 애국지사들이 1911년을 넘기지 않고 교민 단체 하나를 만들려 하고 있었다. 그런데 엉뚱하게 작년 일인 칭다오 회의가 떠올라 지워지지 않았다. 일 년의 마지막 달이라 그런 걸까.

망명 직후, 칭다오 회의는 잘 진행되었다. 당초 산동 반도 칭다오에서 모인 건, 독일의 조차지라 안전한 편이고 교통이 쉬웠기 때문이었다. 신채호, 이갑, 이종호, 안창호, 이동휘, 유동열, 김지간, 조성환, 이강, 김희선, 박영노, 정영도 등은 독립 운동의 방향과 방법, 활로를 찾기 위해 의견을 쏟아 놓았다. 그런데 도무지 뜻이 합쳐지지 않는 게 탈이었다. 회의는 일주일 이상 시간을 끌었다.

지사들은 독립 운동의 방향을 놓고 급진론과 점진론으로 나뉘었다. 급진론을 주장하는 이동휘 측과 점진론을 내세운 안창호 측은 한치도 물러서지 않았다.

"미루면 안 되죠. 당장이라도 힘을 모아서 일본과 무력으로 독립 전쟁을 일으켜야 합니다."

"맞소. 서·북간도와 러시아에 살고 있는 동포들을 모으고 자금을 합하면 됩니다."

"그건 달걀로 바위 치기나 마찬가지요. 성공할 수 없어요."

"괜히 사람만 다치고, 동포들 경제력만 허비할 뿐이지요. 먼저 철저한 준비를 해야 하오."

급진론 쪽은 모두 죽더라도 독립 전쟁에 나가 싸우는 일이 급하다

하고, 점진론 쪽은 실력과 준비를 하자고 맞섰다. 신채호는 급진론으로 기울었다. 나라가 망한 이때에 산업은 다 무엇이고, 교육은 다 무엇인가. 둘이 모이면 둘이 나가 죽고, 셋이 모이면 셋이 나가 죽도록 싸워야 할 판 아닌가.

이갑은 양측을 오가며 의견을 조종하느라 진땀을 흘렸다. 회의는 깨질 것 같은 위기감마저 돌았다. 그나마 이갑이 애쓴 덕에 다행히 몇 가지 문제들을 우선 결의했다.

"먼저 중국의 지린성 밀산부에 땅을 삽시다. 황무지를 10만 평쯤 사서 개간을 하지요."

"찬성합니다. 거기다 사관학교도 세우고, 장차 독립 전쟁을 해낼 인재를 길러야겠군요."

"그럽시다. 그곳을 우리 독립 운동 기지로 삼으면 되겠어요."

신채호는 사관학교 학생들의 교육을 담당할 교관으로 지명되었다.

회담은 그렇게 끝났다. 회의 참가자들은 일단, 각기 망명길을 서둘렀다. 신채호는 다른 동지들과 블라디보스토크로 목적지를 정했다. 그런데 국경을 넘는 데 필요한 서류를 받기가 어려웠다. 상하이에서 베이징의 러시아 영사관을 거쳐 옌대의 러시아 공사관으로……. 들며 날며 활동비를 쓰면서도 한 달이 걸려서야 겨우 입경증이 나왔다. 나라 잃은 민족의 서러움이었다. 하지만 그건 시작일 뿐이었다.

블라디보스토크에 도착한 동지들은 분주하게 뛰었다. 몇몇은 독립 운동 기지를 세우기에 마땅한 땅을 둘러보러 만주로 떠났다. 남은 사람들은 교민들에게 민족 독립 사상을 북돋우기에 힘썼다. 대체로 순조롭게 일이 진행되었다. 그런데 뜻밖의 자금 사정으로, 모든 계획은 허사로 돌아갔다.

신채호는 그대로 주저앉을 수 없었다. 맨몸으로라도 일제와 싸워야만 했다. 신채호의 뜻에 윤세복과 이동휘, 이갑 등이 마음을 합했다. 이들은 항일 비밀 모임을 만들었다. 바로 광복회였다. 국권 회복을 목적으로 한 광복회의 회원은 금세 불어났다.

'광복회가 더 강해져야 해. 지금 국내와 서·북간도에 걸쳐 회원이 2만쯤 되니까, 막강한 힘을 발휘할 수 있지. 좀 더 강력하게, 일제와 투쟁할 길이 무얼까…….'

신채호의 생각은 칭다오 회의를 지나, 광복회로 옮아와 있었다. 그

때였다.

"단재 선생! 잠깐만요, 같이 가십시다."

굵직한 목소리가 찬 공기를 가르고 와 신채호를 흔들었다.

모자를 푹 눌러쓰고 허연 김을 푹푹 뿜어내는 사내가 잰걸음으로 다가오고 있었다. 망명 동지 이종호였다. 그는 이번 권업회에도 운영비를 돕는 등 독립 운동에 적극적인 사람이었다. 신채호가 정이 담긴 눈길을 보냈다.

"날씨가 쌀쌀하죠? 단재 선생, 추워 보이네요. 힘드신 것도 같고요."

"괜찮아요. 이 선생은 어떠시오. 여전히 활발해서 좋습니다만."

"늘 그렇지요, 뭐. 날씨만 아니라도 살 것 같은데, 이러다 마음까지 꽁꽁 얼까봐 겁납니다. 정말 고향 생각이 간절하지요. 선생 고향은 겨울이 어때요?"

이종호가 향수어린 말투로 고향을 들먹였다. 신채호는 씩 웃고 말았지만 별로 달가워하지 않았다. 그는 요새 고향 얘기를 의식적으로 피하고 있었다. 충청도면 어떻고, 평안도면 뭘 할 것인가. 나라를 빼앗겼는데, 돌아갈 고향인들 있을까.

이종호가 신채호의 불편한 기색을 눈치챈 것 같았다.

"단재 선생, 시베리아 교포 사회 말입니다. 이십만을 헤아리는데 너무 힘을 못 쓰지 않습니까."

"그럴 밖에요. 파벌이 너무 심해요. 함경도다, 평안도다, 남쪽 출신

이다……. 똘똘 뭉쳐도 어려운데 뿔뿔이니. 요즘엔 사상적 갈등까지 싹트는 조짐입니다."

"예, ……그나마 권업회가 생기니 다행입니다."

신채호가 가볍게 고개를 끄덕였다.

권업회의 창설 날짜는 1911년 12월 19일. 이상설을 비롯해 러시아에 망명 중인 지도급 인사들이 거의 다 참여해 블라디보스토크에서 만든 교민 단체였다. 교포들의 산업을 장려하고, 직업과 일터를 알선하며, 학교를 세워 민족 교육에 힘쓰는 게 우선 목표였다. 또한 독립운동을 위한 힘을 하나로 모으려는 단체이기도 했다. 협회의 기관지도 창간했는데, 신채호가 주필로 초빙되었다.

이종호는 그 기관지인 〈권업신문〉에 관심을 나타냈다.

"동포들이 단재 선생께 기대가 큽니다. 신문을 어떻게 만들 겁니까?"

"음, 일단 권업회의 취지를 우리 교포들에게 알려야지요. 그리고 국권 회복을 위해서도 한몫할 겁니다. 민족 독립 사상도 일깨워야겠지요."

"다른 지역 동포들도 권업신문을 보면 좋을 텐데, 안타깝군요."

"북간도 구석구석까지 신문이 갈 거요. 조선 땅에도 들어갈 테고, 러시아판도 발행할 겁니다."

"오! 우리 조선인이 굳세게 살아 있다는 걸 온 사방에 알릴 수 있겠습니다."

이종호가 흥이 나는지, 목소리를 높였다. 신채호는 입을 꼭 다문 채 웃음을 머금었다.

〈권업신문〉은 동포들의 산업 진흥과 민족 의식을 드높이는 데 앞장섰다. 특히 민족이 힘을 합하자고 호소했다. 주필로서 신채호가 더 힘을 기울인 것은 그 부분이었다.

동포 사회는 고질적인 병폐를 안고 있었다. 그들은 태어난 지방을 두고 갈라졌다.

먼저 옮겨 와 살고 있는 동포와 뒤에 온 동포와도 대립했다. 그리고 신학문과 구학문을 하는 인사들은 그들끼리 충돌했다. 이런 문제를 갖고는 독립운동이 활발하게 이루어질 수 없는 것이다.

신채호는 문제 해결을 위해 몸을 돌보지 않았다. 시베리아의 혹독한 추위와 거친 음식이 갈수록 그를 해쳤고, 생활의 어려움은 압박했지만, 묵묵히 참고 견뎠다. 그런 괴로움은 얼마든지 버틸 자신이 있었다. 정작 신채호의 기운을 앗는 건 끝이 보이지 않는 대립이었다.

'다 같은 동포끼리, 살던 지방이 다르다고 서북파니 기호파니 가른다는 게 말이 되는가. 지도자들은 점점 서로를 미워하고 맞서기나 하니, 도대체 뭐 하는 짓거리인가…….'

참으로 주변 돌아가는 것이 자신의 마음과는 달랐다. 오직 독립만을 생각하면 되었지, 그 밖에 무엇이 필요하다는 것일까. 망명 직후부터 쌓이기 시작한 울분과 갈등이 점점 신채호를 옥죄었다.

'내가 무얼 어찌해야 할까? 동포들이 독립에만 총력을 쏟게 할 방법이 무얼까…….'

상하이에서 신규식의 편지가 날아온 건 이즈음이었다. 편지 속에는 신채호가 어렵다는 말을 바람결에 들었는지, '굶든 먹든 함께 지내자' 고 청하며 여비까지 들어 있었다.

신채호는 혼란스러웠다. 파벌 싸움에 독립 운동은 뒷전이지만, 첫 망명지를 훌쩍 떠난다는 것이 내키지 않았다. 어려움을 무릅쓰고 있는 동지들도 마음에 걸렸다. 자금이 딸리는 〈권업신문〉도 걱정이었다. 하지만 당장 눈앞의 것만 노리는 허울 좋은 독립 운동가들이 몸서리쳤다.

'그래, 과감하게 떠날 때다. 조국 독립만을 위해 새 출발을 하자.'

1913년, 신채호는 마침내 상하이로 길을 잡았다.

10. 단재다운 단재만의 단재닉

"아니, 이 사람아……."

도깨비같이 뚝딱 상하이에 나타난 신채호를 보고 신규식은 할 말을 잃었다. 신채호의 몰골이 엉망이었다. 길고 먼 여행에 지쳤겠지만, 그동안 시베리아에서 고생한 흔적이 너무도 뚜렷했다. 그를 몹시 신뢰하고 아끼는 신규식은 그만 뜨거운 것이 불쑥 치밀어 올랐다.

"못난 사람 같으니, 어떻게 지냈기에……. 전갈이라도 미리 줄 것이지."

신규식이 공연히 퉁명스레 말을 내질렀다. 신채호는 웃어넘기며, 그간의 활동에 대해 물었다. 그렇게 안부를 대신할 모양이었다.

"바쁜 양반이 자잘한 것까지 신경 쓸 필요 없소. 그래, 동제사는 활동이 어떻습니까?"

"열심히 뛰고 있지. 독립 운동 잘하자고 뜻을 세웠는데, 운영을 잘해야잖나."

"그럼요. 벌써 작년인가요, 1912년 7월에 조직했다고 들은 기억이 나요."

"음. 지금은 회원이 3백 명으로 불었어. 유럽과 미국 쪽에도 분사를 세우고 있는데, 이제 단재가 합세하면 훨씬 탄탄해질 게야."

상하이 교포들 사이에서 신규식은 중심 인물로 활약하고 있었다. 동제사는 그가 만든 독립 운동 단체로 박은식, 문일평, 신건식, 조소앙, 홍명희, 변영만, 신석우 등이 구성원이었다.

"이젠 헤어지지 말고 같이 지내세. 단재가 이렇게 와 주니 얼마나 든든한지 몰라."

신규식이 그윽한 눈길을 보냈다. 창백한 신채호의 안색에 붉은 기가 사르르 번졌다.

"그렇지 않아도 단재를 눈 빠지게 기다리는 일이 있어. 오자마자 일을 해도 되겠나?"

신채호의 성미를 훤히 알면서 신규식이 짓궂은 얼굴로 의중을 떠보았다. 신채호는 먼지처럼 쌓인 피로를 한꺼번에 털어 내려는 듯, 단박에 생기를 띠었다.

"좋지요. 제가 할 일이 뭡니까?"

"다름이 아니라, 영국 조계 안에다 학원을 세웠어. 자네가 교육을 맡으면 어떨까?"

"누굴 가르치는 학원이오?"

"그야 국외에 있는 청년들이지. 독립지사나 동포의 자녀들이 대부분일 거야. 그들에게 민족 교육이 필요한 것 같아서 말야."

"당연하지요. 조국을 잃은 청년들인데, 제 나라와 민족을 확실하게 알아야지요."

신규식은 박은식 선생을 비롯해서 문일평이나 조소앙, 정인보 등도 참여한다고 일러주었다.

메말라 가던 가슴에 퐁퐁 희망이 샘솟고 있었다. 신채호는 저도 모르게 허리가 꼿꼿해졌다. 마음이 힘을 얻으니까 몸도 활기를 얻은 듯싶었다. 블라디보스토크를 떠날 때 미처 떨치지 못했던 착잡한 마음이나 앞날에 대한 막연함이 씻은 듯이 사라졌다.

"우리 학원은 박달학원일세. 부탁함세, 단재 선생."

기분이 썩 좋은지, 신규식이 껄껄거렸다. 신채호도 허허 웃음소리를 높여 따라 웃었다.

신채호의 생활은 그럭저럭 자리가 잡혀갔다. 하지만 건강이 쉽게 나아지지 않아서, 얼굴은 부석부석하고 기운이 없었다. 그는 집 근처에 있는 공원을 즐겨 찾았다. 슬슬 거닐면서, 책을 펴들고 혼자 웅얼웅얼거리다가 무엇을 생각하다가 다시 책을 보곤 했다. 그럴 적마다 한 손은 배를 부둥켜안은 채였다. 한번은 그곳을 지나가던 신규식이 그를 발견했다.

"이보시오, 단재. 왜 배를 부둥키고 있소?"

"아무것도 아니오. 여긴 무슨 일이시오?"

말은 그리하면서도 그는 여전히 배에서 손을 떼지 못하였다.

"숨기지 말구려. 단재는 멀리서 봐도 알 수 있어. 늘 발등까지 오는 회색 두루마기 차림으로 그러고 다니던걸."

"허, ……속이 아프긴 한데, 곧 낫겠지요. 그런데 초를 다투어 어딜 가던 길 아니었소?"

다른 말로 얼버무리고 마는 신채호의 고개가 버릇대로 기우뚱해졌다. 신규식은 정작 하려던 말을 깜빡 잊고 있었다.

"아! 이런……. 단재는 영어를 알지? 이제 더 배우구려. 내 그 일 때문에 나가는 길이오."

신규식의 열의는 청년들의 교육에만 그치지 않았다. 그는 외국어에도 관심을 두었다. 특히 독립 운동을 하는 망명 인사들은 꼭 외국어를 할 줄 알아야 한다고 생각했다.

신규식은 그가 빌린 중국 집에다 중국어반과 영어반을 만들었다. 주로 망명 인사들을 위한 외국어 교육반이었다. 영어반 선생은 김규식으로, 미국에 유학을 한 사람이었다. 마음만 있으면 외국어를 배울 수 있는 좋은 기회였다. 신채호는 예전에 혼자서 닦은 기초 실력 덕에 상당히 높은 영어를 배워 나갔다. 그런데 영어 시간이면 짜증나는 일이 있었다. 선생인 김규식이 너무 까다롭게 구는 것이었다.

"그게 아니에요. 자, 다시 해 보세요."

김규식은 발음에 매우 신경을 썼다. 하지만 신채호의 발음은 제멋대로라, 번번이 실랑이를 해야 했다.

"틀렸어요. 엉망입니다. 그래 가지고 외국인이 알아듣겠어요?"

수시로 김규식은 잔소리를 했다. 신채호는 그럴 적마다 부아가 치밀었다.

"내가 말을 하려고 영어를 배우는 게야? 책이나 보려는 게지."
"아무리 그래도 발음은 익혀야지요. 말 아닙니까."
"다 쓸데없다니까. 뜻만 가르쳐 달래도 까다롭게 구는군, 에잉."

신채호가 영어를 공부하는 목적은 어려운 영문 원서를 막힘없이 보려는 데 있었다. 그러니 김규식의 지적이 좋을 리 없었다.

이광수가 국내에서 상하이로 온 건 이 무렵이었다. 신채호는 망명할 때 오산학교에 들렀다가 만났던 이광수에게 생각이 미쳤다.

"선생은 영어를 좀 하시오? 날 가르쳐 줄 수 있소?"

신채호는 이광수에게 영어를 가르쳐 달라고 부탁했다.

"아이구, 아닙니다. 더구나 단재 선생님은 배우고 계시지 않습니까."

"그렇지. 헌데, 발음 가지고 하도 성가시게 해서 말야. 난 상관없대두 자꾸 우기는구먼."

신채호는 떨떠름하게 입맛을 다셨다. 이광수는 전해 들은 말이 있어서 웃음을 참느라 애를 썼다. 어찌 보면 선생인 김규식이 잔소리를 하는 건 당연했다. 신채호의 영어 실력은 꽤 수준급이었다. 웬만한 영어 원서를 별 어려움 없이 읽어 낼 정도였다. 그런데 혼자 터득해서인지 발음만은 엉터리였다. 그러면서도 천연덕스럽게 발음하곤 했다.

"……네이 그흐 바우어……."

'neighbour'(이웃)를 번번이 그렇게 읽자, 절친한 친구 변영만이 조용히 고쳐 준 적도 있었다.

"단재, 그중에 소리를 내지 않아야 하는 묵음이 있소. 그냥 '네이버'라고만 해요."

"알지, 나도 그거야 모르겠소."

신채호는 태연하게 대꾸했다. 변영만은 눈이 둥그레졌다.

"그럼, 알면서 일부러 그런단 말이오?"

"그건 영국인의 법이야. 내가 그것을 꼭 지킬 필요가 무엇이란 말이오."

"그, 그야 뭐……."

변영만은 할 말을 잃고 말았다. 따지고 보면, 신채호의 말은 전혀 틀린 구석이 없지 않은가. 신채호는 영문을 읽는 버릇도 매우 독특하였다. 영어 구절마다 '하여슬람' 소리를 섞어 가며 읽는 것이었다. 듣다 못해 동지 한 사람이 조심스레 물었다.

"단재 선생께선 아주 특이하십니다. 영문을 어찌 한문 읽듯 하십니까? 무슨 까닭이 있나요?"

"특별한 이유 없소. 영문이나 한문이나 글은 마찬가지요. 어릴 적부터 한문을 읽느라 몸에 밴 걸, 이제 영문을 읽는다고 굳이 버릴 까닭이 없지요."

신채호는 그렇게 대답하고 다시 '하여슬람'을 연발하였다. 그가 영문을 한문처럼 읽는 것은, 그 뜻을 머릿속으로 헤아려 가며 읽기 위해서였다. 어릴 적부터 해 온 글 읽는 습관이라, 편해서 그대로 쓰는 것이었다. 단재다운, 단재만의, 단재식 고집이었다.

세상이 어떻게 돌아가든, 시간은 거리낌없이 흘러갔다. 지난 한 해 조금도 늑장을 부리지 않은 건, 범람한 양쯔 강조차 댈 수 없는 엄청난 시간의 강물뿐이리라. 어느덧 1914년 새해였다. 정월 초하룻날. 프랑스 조계에 있는 신규식의 집은 사람들로 북적거렸다.

"어서 오시오, 동지들. 소식이 궁금했습니다."

"아이고, 선생 오랜만이오. 벌써 다 모이셨습니다. 어서 올라가시오."

2층의 넓은 방은 30여 명의 망명 인사들이 서로 인사를 나누느라 산 칫집 같았다. 초대받은 사람들이 다 모이고 자리 정돈이 끝나자 주인인 신규식이 일어섰다. 떠들썩하던 기운은 감쪽같이 사라지고 방 안은 묵직한 분위기에 잠겨 들었다.

"동지 여러분, 새날이 밝았소. 우리가 망명한 지 벌써 4년째올시다……."

신규식의 새해 인사말이 시작되자, 모두들 가슴 뭉클한 표정이었다. 고향에서 조상께 차례를 올리고, 가족들과 덕담 나누며 오순도순 떡국 먹는 새해 아침 아니던가. 하지만 그들은 지금 서러운 망명객 신세였다. 신규식, 김규식, 신채호, 홍명희, 조소앙, 문일평, 이광수, 신성모, 이광 등 망명 인사들은 감동에 겨워 애국가를 불렀다. 정면에 걸린 태극기를 향한 눈시울은 하나같이 축축했다.

간단한 행사가 끝나고, 음식이 나왔다. 모두 신규식이 돈을 내어 차린 것이었다. 고달픈 망명 생활에 맛난 음식, 술 한번 먹지 못한 인사들이 대부분이었다. 그들은 오랜만에 고단한 생활에서 놓여나 즐겁게 먹고 마셨다.

방 안은 점차 활기에 넘쳤다. 이쪽에서는 토론에 열을 올리고, 저쪽에서는 세상사로 이야기꽃을 피우고, 또 다른 쪽에서는 조용조용 향수를 되씹었다. 신채호는 논쟁 중이었다. 몇 잔 술로 주홍빛 얼굴이 되어서, 느린 충청도 말씨로 열심히 얘기하고 있었다. 한 치도 양보하지 않고 실랑이를 하는 눈치였다. 그런데 갑자기,

"에잉!"

하며 샐쭉한 얼굴로 일어나더니, 발길로 마룻바닥을 차면서 방을 나가 버리는 것이었다.

"단재가 뭐가 못마땅했구먼. 이번엔 무엇이 문젠가?"

"국사 타령일 거요. 단재가 저럴 때는 어김없어요. 조선 역사를 말할 때 단재의 눈은 틀리다고요."

"맞아, 눈빛에 쏘일 것 같더구먼. 말하는 것도 그래. 바르기가 칼날 같아."

"하여튼 고집통에다 대쪽 같지만, 꼿꼿하고 바른 건 따라갈 자가 없어요."

방 안에 있던 사람들은 그 모습을 보며 오히려 웃음 지었다.

이광수는 잠시 기억을 더듬었다. 신채호가 망명 직전 오산학교에 들렀을 때 모습과 독립을 향한 투지로 활활 불타던 그 출발 시점을……. 예나 지금이나 신채호는 추호도 변함이 없었다.

'저분 몸은 어디를 두드려도 '민족' 소리가 날 것이다. 그리고 어디를 찔러도 '애국'의 피가 흐를 것이다.'

감히 흉내조차 낼 수 없는 그 한결같음 앞에서, 이광수는 내심 부끄러웠다.

11. 민족의 혼을 되날리련다

 상하이 거리가 눈에 조금씩 익어 갈 때, 신채호는 생각지 않은 전갈을 받았다. 서간도에 있는 윤세복 형제가 초청의 뜻을 전해 온 것이었다. 그의 가슴은 당장 방망이질을 해 댔다.
 '그곳이라면 고조선과 고구려, 발해의 옛 땅인 남·북 만주 일대를 둘러볼 수 있으리라.'
 그는 신규식에게 뒷일을 당부하고, 길 떠날 채비를 서둘렀다.
 "만주 일대는 내가 역사에 뜻을 둔 때부터 꿈꾸던 땅이오. 우리 고대사는 남아 있는 문헌도 없고, 그나마 있는 것은 잘못 쓰여졌어요. 왜곡된 역사를 바로잡기 위해 유적지를 답사해야 합니다."
 신채호의 목소리가 진작부터 떨리고 있었다. 그의 열의를 익히 아는 신규식이나 친구들은 자기 일처럼 기뻐했다.
 "여기는 걱정 말고, 잘 다녀오시게. 나라 없이 떠도는 빈털터리 방랑객이 그저 귀로만 들을 뿐, 눈으로 볼 기회가 없다고 단재가 넋두리하지 않았나. 우리도 기대가 커요."
 "고맙소. 이번에 새로운 민족사의 틀을 구상해 보리다."

신채호는 동지들의 따뜻한 격려 속에서 마음 편히 상하이를 떠날 수 있었다. 서간도로 향하는 동안, 하늘과 땅은 어깨를 붙인 채 벌거숭이처럼 내달렸다. 불거져 나온 산줄기도, 거치적거리는 봉우리도 없었다. 가도 가도 광활한 벌판, 그 끝에는 먼 옛 세상이 펼쳐질 것 같

은 착각마저 들었다. 신채호는 내내 생각에 잠겼다. 아니, 아득한 데서 들려오는 소리를 낚고 있었다. 바로 벌판의 임자였던 조상들의 말 발굽 소리와 함성이 귓바퀴에 감기는 것이었다.

드디어 환런현 홍도천에 닿았다. 마차에서 내린 신채호는 다시 한 번 감격했다. 자랑스런 조상들이 밟았던 땅이라는 생각에 함부로 걸음을 내디딜 수도 없었다.

"저어, 신채호 선생님……."

엉거주춤하게 서서 주위를 두리번거리는 신채호에게 사내 둘이 다가와 고개를 숙였다.

"저쪽에서부터 인사를 드렸는데 모르셨어요. 혹여 낮은 다른 분인가 했습니다."

"아이고 이런, 미안합니다. 잠시 딴 생각을 했네요."

신채호는 간신히 들뜬 기분을 눌렀다.

이들은 신채호를 초청한 윤세용·윤세복 형제였다. 경남 밀양이 고향인 윤씨 형제는 1910년에 망명한 독립지사들이었다. 그들은 만주 봉천 부근의 환런현에 동창학교를 세워서 교포 자녀들의 교육에 힘쓰면서, 대종교를 포교하고 있었다. 또한 각지의 독립 운동가와 연락을 하고 부지런히 후원도 했다. 윤세복은 전에 러시아 광복회의 회장으로 활약하기도 했다.

"두 분 동지, 참으로 고맙소. 내가 큰 은혜를 입는구려."

신채호가 정중하게 감사의 인사를 건넸다. 그의 진심 그대로였다.

"귀한 분이 오셨는데 저희가 고맙지요. 상하이보다 불편하실 텐데, 어려운 청을 들어주셨어요."

"아니오. 두 분 덕이 아니면 여길 올 수 없었을 게요."

"선생이 기쁘시다니 다행입니다. 머무시는 동안 백두산도 보시고, 유적지도 두루 돌아보세요."

만나자마자 세 사람 사이에는 말이 끊이지 않았다. 험한 여행 끝이었지만, 신채호는 몸도 마음도 더할 나위 없이 가뿐했다. 이대로 백두산까지 단숨에 올라갈 것만 같았다.

"단재 선생이 동창학교에 오신다고 수락하셨을 때, 어떻게나 좋던지요. 이제 우리 청소년들이 국사를 제대로 배우겠다 싶었어요."
"국사는 자라나는 청소년은 물론이고 우리 교포들도 바로 알아야 합니다. 그래서 도중에 이런 생각을 했답니다."
"무슨……?"
"국사 교재를 만들면 어떨까요? 만주에 살고 있는 교포들에게도 애국심을 불러일으키고 민족혼을 일깨워 줄 〈조선사〉 말입니다."
"아유, 좋지요. 선생님이 쓰시기만 하면 바로 책을 꾸미겠어요. 아주 소중히 쓰일 겁니다."

윤세복 형제가 한층 기쁨을 감추지 않았다.

신채호의 마음은 해야 할 일들로 한시가 아쉬웠다. 국사 교재로 쓸 〈조선사〉를 쓰고, 동창학교에서 국사도 가르쳐야 했다. 그리고 틈틈이 이 일대 유적을 답사해야 한다. 이번 기회에 민족의 고대사를 쓸 토대를 잡으려는 것이었다.

그 일들 어느 것 하나도 소홀할 수가 없었다. 모두 독립의 밑거름이 되는 것들이었다. 신채호는 그 어느 때보다 소중하고 보람된 시간을 맞은 예감이 들었다.

역사에 대한 새로운 영감을 불러일으킬 답사길. 드디어 민족의 발원지 백두산에 오르는 날이었다. 마침, 독립군 양성 기지를 백두산 일대에 구축할 것을 생각하고 몇 명이 함께 등반에 나섰다. 신채호와 윤세복, 신백우, 김사, 이길용 등이었다.

"백두산을 꼭 봐야 할 텐데 걱정인 걸요. 안개가 짙고, 말짱하다가도 순식간에 구름이 덮인답니다."

"민족의 영산 아닙니까. 아무에게나 모습을 보이기 싫겠지요."

"하지만 이번엔 우리 단재 선생님이 가시잖소. 가슴을 확 열어젖힐 거요."

"쉿! 그만하세요. 그 말씀에 가슴을 도로 닫을까 두렵구려."

위로 올라갈수록 사람들은 말수가 부쩍 줄었다. 워낙 높아서 숨이 가쁘고 걸음 걷기가 힘든데다, 산이 내뿜는 청정한 기운이 마음을 휘어잡는 것이었다.

신채호는 천천히 산마루를 오르면서 지나온 삶을 돌아보았다. 남들이 볼 때 결코 행복하다고 할 수 없는 불우한 인생이었다. 조국까지 등진 방랑의 나날이었다. 고통과 괴로움을 들자면 한이 없었다. 하지만 신채호는 후회하거나 좌절하지 않았다. 그러기에는 아직 해야 할 일이 너무 많았다.

인생 40년 지리도 하다
병과 가난 잠시도 안 떨어지네
한스럽다 산도 물도 다한 곳에서
내 뜻대로 노래 통곡 그도 어렵네
남북으로 오가며 세월만 가네
와도 그러려니 가도 그렇네

세상 만사 제 뜻대로 결단해야지
남 따라 다니는 것 가장 어렵네.
— '백두산도중'

드디어 산 정상.
일행은 저마다 탄식했다. 천지 못의 푸른 물이나 하늘로 치솟은 산봉우리가 전혀 보이지 않는 것이었다. 눈앞에는 하늘 가장자리부터 퍼지는 안개구름뿐이었다. 어쩌다 희뿌연 그 사이로 언뜻언뜻 산기슭이 비칠 따름이었다.
"아아! 이럴 수가……."
신채호는 허탈했다. 어떻게 잡은 기회인데, 아마 다시 오기는 힘들 텐데……. 무심히 굽어보고 있는 하늘이 원망스러웠다. 그런데 홀연 바람이 불기 시작했다. 바람은 옷자락을 펄럭이더니, 안개구름을 쓸어 내기 시작했다. 시야가 삽시간에 트이고, 신채호는 '흡' 숨을 들이켰다.
백두가 웅장하게 모습을 드러냈다.
과연 산의 위용이 세상을 아우를 기세였다.
'대한의 민족 정기가 저렇듯 웅장한데, 지금 우린 어떤 지경인가! ……아, 난 조국의 광복만을 위해 살겠노라.'
신채호는 두 주먹을 불끈 쥐며 어금니를 아프게 물었다.
'당장 내가 해야 할 것은 국사를 바로 쓰는 일이다. 우리 조상들이

백두산 일대를 누비고 살았음을, 만주가 우리의 옛 땅임을 널리 알려야 한다.'

백두산을 다녀온 신채호는 남·북 만주에 흩어져 있는 고구려와 발해의 유적을 찾아 나섰다.

적은 노자로 네댓 명의 친구들과 처음 간 곳은 압록강변의 지안현.

고구려의 옛 도읍지인 제2 환도성은 천험의 요새였다. 앞은 강이고 오른쪽은 깎아지른 듯한 바위로 싸여 있으며, 뒤편은 높은 산이 버티고 있었다. 하지만 엄청나게 넓은 요새 안에는 궁궐 자리 하나 간 데 없고, 중간중간 큰 돌덩어리만 뒹굴었다. 옛 터전을 지키는 건 허물어진 돌성이었다. 몇 발이나 되는 두터운 성벽……. 무엇보다 놀라운 것은 환도성 앞 너른 터에 돌로 된 커다란 능과 묘가 무수히 많은 점이었다.

"눈으로 보면서도 믿어지지가 않소. 이렇게 많은 조상들 무덤이 중국에 있다니……."

"허어, 틀렸어요. 여긴 우리 조상들의 삶터였어요."

친구들은 유적의 장대함에 막연히 젖어 들었다. 하지만 신채호는 어깨에다 무거운 짐을 진 기분이었다. 우리 고대사를 새롭게 바로 써야 한다는 걸 유적이 침묵으로 증명하고 있기 때문이었다.

"대단하지요. 능으로 인정할 것이 수백이요, 묘가 일만 장 안팎이겠소이다."

"단재 선생님, 우리 민족이 옛날엔 굉장했군요. 이 정도인 줄은 몰랐어요."

"암, 강성했지요. 후대로 오면서 중국을 섬기게 됐고, 이젠 우리를 상국으로 받들던 일본에게 나라를 뺏겼지만요. 예전엔 감히 넘볼 수 있는 나라가 아니었소."

환도성에서 멀지 않은 곳에는 광개토대왕릉비, 그리고 장군총이 위풍당당하게 서 있었다.

광개토대왕릉으로 짐작되는 능 주위에 장사꾼들이 보였다. 촌티가 흐르는 중국인들인데, 발치에 유물을 두고 있었다. 신채호가 대나무 잎사귀가 그려진 눈금자와, 화선지에 먹으로 떠 놓은 광개토왕 비문을 가리켰다.

"이거 얼마요?"

나른하게 앉아 있던 그들은 슬쩍 눈을 치켰다. '사지도 못할 주제에 귀찮게 왜 물어?' 하는 표정이었다.

사실 신채호는 작은 것 하나도 살 돈이 없었다. 하지만 당장 사료가 아쉬운 마당이었다. 역사를 새로 쓰려면, 사실을 증명할 사료는 반드시 필요했다. 신채호는 곰곰이 생각하다가, 붓을 꺼내 들었다. 사진기가 없으니, 대신 그림이라도 그려 갈 작정이었다. 네 면이 반듯한 광개토대왕릉과 주위의 제천단을 정성껏 그렸다. 그 다음, 능의 둘레를 자로 재듯 또박또박 돌기 시작했다. 중얼중얼거리다, 종이에 적다가 하며 한 바퀴를 돌았다.

높이는 10척 가량이요, 맨 아래층 주위는 80발. 다른 왕릉은 윗부분이 파손되어서 높이는 알 수가 없다. 그러나 그 아래층 주위는 대개 광개토대왕의 능과 같다.

흔한 자 하나 없어서 걸음으로 능의 크기를 잰 것이었다.
"자네들, 왕릉 위쪽은 안 가려나? 가 보세."
신채호는 주위를 서성거리고 있는 친구들을 이끌고 상층부로 올라갔다. 윗부분에 돌기둥이 섰던 자취가 남아 있고, 맨 위를 덮었던 기와 조각이 흩어져 있었다. 그는 눈을 들어 주변을 살폈다. 그러다가 갑자기 탄성을 질렀다.
"저기 좀 봐. 이제야 〈후한서〉에 쓰인 문구가 풀리는군 그래."
그가 가리킨 건 주변에 드문드문 서 있는 소나무와 잣나무들이었다. 친구들은 의아했다.
"흔한 나무 아닌가. 〈후한서〉에 저 나무 얘기가 나와? 중요한가?"
"고구려에 관한 구절이 있어. '고구려는…… 금은 재물을 넣고, 장례를 후히 하고, 돌을 쌓아 무덤을 만들고, 소나무와 잣나무를 심는다.'는 구절이지. 자, 어떤가?"
친구들은 찬찬히 주위를 다시 둘러보았다. 정말 그들의 눈 아래 후한서의 글과 똑같은 풍경이 펼쳐져 있었다.
"수백 원이 있으면 묘 한 장을 파볼 것이요, 수천 원 혹 수만 원이면 능 한 개를 파 볼 것인데……. 수천 년 전 고구려의 번성을 생생하게 채록할 기회를 눈앞에서 놓치니……."

신채호의 속은 숯이 되는 느낌이었다. 그늘에 가려 온 민족사의 보고를 만났는데, 손에 쥔 게 무엇인가? 외부에 대한 빈약한 관찰만으로도 고구려의 종교·예술·경제력 등이 어떠했는지 눈앞에 보이는 것 같은데……. 널린 게 사료이건만, 가진 것 없는 그들로서는 단 하나도 얻지 못할 그림의 떡이었다.

바위처럼 우두커니 있던 신채호는 한순간 훌쩍 자리를 털었다.

"아무튼, 지안현에 한 번 와 보는 것이 김부식의 고구려사를 만 번 읽는 것보다 낫구면."

전부터 중국 밑에다 한민족의 역사를 놓은 김부식의 역사관을 비판한 그였다. 그런데 환도성 유적지는 사대주의 역사를 확실하게 뒤엎고 있는 것이었다.

신채호는 빈약한 한국 고대사 문헌을 보충하기 위해 동분서주했다. 유적은 만주 곳곳에 흩어져 있었고, 여간 많지 않았다. 그중에는 훌륭한 것이 무척 많았다. 안타까운 점은 귀한 유적들이 중국인들 손에서 자꾸 없어져 가는 것이었다. 그런 일을 생각하면 신채호는 통곡할 수밖에 없었다.

동지들 중에는 그를 이해하지 못해 걱정하는 이가 있었다.

"단재, 허구한 날 실성한 듯 역사 타령인가? 얻을 게 무엇이 있다고."

"역사는 이미 지나간 걸세. 지금 나라가 없는데 옛일을 들추어서 뭣

할 거야. 헛고생이지……."

그런 염려는 아무리 친한 사이라도 결코 반갑지 않았다. 신채호는 냉정하게 그들의 말을 잘랐다.

"역사는 묻혀 있는 화석이 아닐세. 오늘도 우리는 역사 속에서 살고 있어. 우리가 내일을 희망으로 설계할 수 있는 것도, 쉬지 않고 도는 역사의 수레바퀴가 남긴 자취 때문이야."

"이해는 해. 하지만 독립이 급하지 역사가 시급한 건 아니지 않나."

"역사는 민족의 뿌릴세. 나라 잃었다고 뿌리까지 팽개칠 건가. 난 국사를 통해 민족의 혼을 되살리려는 거야. 민족혼이 살아나면 민족의 무대를 되찾는 데 큰 힘이 될 테니까."

신채호의 생각은 추호도 흔들림이 없었다. 국사를 바로 세우는 일은 곧 나라 사랑하는 길이요, 그가 해내야 할 독립 운동이었다.

12. 이해하기 힘든 사람

1915년, 신채호는 서간도에서 베이징으로 자리를 옮겼다. 베이징에서 도서관을 출입하면서 본격적인 역사 연구와 문학적 창작에 몰두했다. 그가 벽초 홍명희와 친분을 쌓은 것은 바로 이 시절이었다. 두 사람은 만난 지 얼마 되지 않아, 타국살이의 아픔을 나누는 절친한 사이가 되었다.

"단재, 나요. 벽초가 왔소이다."

그날도 커다란 목소리를 앞세우고 벽초가 불쑥 들어섰다. 신채호는 단정히 앉아 책을 읽고 있었다. 벽초는 펼쳐진 책이 대종교의 경전인 〈삼일신고〉라는 것을 대번 알았다.

"단재도 대종교를 믿어요? 단군을 섬기는 대종교와 단재 신채호라……."

벽초의 목소리에 괜한 짜증이 묻어 났다. 무엇엔가 잔뜩 흥분하고 있는 눈치였다.

"대종교는 독립의 정신적 기둥이오. 내가 역사에서 단군을 강조하는 것과 같은 이치요."

독립 운동에 활력을 찾고 단결을 위해서도 대종교는 필요했다. 특히, 민족의 자주성과 긍지를 지키는 데 큰 몫을 해냈다. 그래서 뜻있는 망명 지사들은 대종교를 지지하고 있었다.

신채호도 마찬가지였다.

"하긴, 대종교인들은 적어도 단군은 알더구먼. 우리 민족의 시조라는 걸 말야."

혼잣말하듯 중얼거리며, 벽초가 들고 있던 신문을 툭! 내려놓았다. 베이징에서 발행되는 이름 있는 〈중화보〉였다. 신채호가 영문을 묻듯 고개를 들었다. 신문과 신채호를 번갈아 바라보는 벽초의 얼굴에 서서히 걱정이 서렸다.

"이젠 이 신문도 안 봐야겠어. ……사실인가? 단재가 사설을 안 쓴다고 했다는데."

"……."

벽초는 별안간 언성을 높였다.

"대체 까닭이 뭐요? 속 시원히 그거나 압시다."

"형이 왜 그러시겨오? 내 일에 상관 마오."

신채호가 인상을 구겼다. 더 이상 따져 묻지 말라는 딱딱한 표정이었다. 벽초는 고개를 저었다. 〈중화보〉에 쓰는 원고료로 친구가 겨우 생활을 꾸려 간다는 것을 알고 있는데, 갑자기 사설을 안 쓴다니……. 모른 체 지켜보다간 신채호가 당장 굶을 판이었다. 더구나 그의 사설은 너무도 명쾌했다. 그 글 덕에 〈중화보〉는 판매 부수가 올라가고,

중국 언론계에서도 크게 주목하고 있지 않는가.

벽초의 시선이 거북했는지, 신채호는 느릿느릿 말을 꺼내 놓았다.

"〈중화보〉에서 내 글을 실을 때 글자가 하나 틀렸어요."

"들었소. 하지만 그 글자는 문장을 손상시키지 않는 글자 아니오. 겨우 그걸 문제 삼는 거요?"

"겨우가 아니오. 그건 중국인들이 우리 조선인에 대한 우월감에서 나온 행동이란 말이오."

벽초는 이맛살을 찌푸렸다. 별 것도 아닌 것을 민족의 문제로 삼는 신채호의 자존심에 기가 질린 것이었다. 그러나 그의 목소리는 한결 누그러들었다.

"이보오, 사장까지 미안하다고 했다면서. 다음부터 안 그럴 거 아닌가. 그럼 되잖아."

사설을 더는 쓰지 않겠다고 하자, 〈중화보〉의 사장은 몇 번이나 사죄하러 찾아왔다. 하지만 신채호는 번번이 그를 꾸짖어 돌려보냈다.

"아니오, 형. 돈을 위해서 글을 쓴다고 응낙한 것이 조선 사람의 지조를 깨뜨린 것 같아요."

"허어! 지나친 결벽증이야. 단재는 정말 못 말릴 사람일세."

벽초가 마침내 고개를 흔들고 물러났다. 하지만 그는 새삼 신채호가 존경스럽고 부럽기까지 했다. 당장 굶으면서도 결코 타협하지 않고 고개 숙이지 않는 사람이 과연 얼마나 더 있을까?

신채호의 뺨은 어쩐지 오늘따라 더욱 홀쭉해 보였다. 방 안에는 정적이 흘렀다. 두 사람은 마주 앉은 그대로 가만히 있었다. 시간이 착착, 발맞추듯 흘러갔다.

"얼마 전에 고국에 다녀왔다우."

먼저 말을 터트린 건 신채호였다. 벽초의 눈이 둥그레졌다. 베이징에서 줄곧 역사 연구에 몰두한 사람이 언제 동에 번쩍했단 말인가. 얼마 전에는 그의 입으로 소설 〈꿈하늘〉을 완성했다고 하지 않았는가.

"우리 민족이 처한 현실을 소설에 담았어요. 독립을 향한 내 꿈과 이상을 역사적 사실과 연결시켜 봤지요."

쑥스러워하던 그 모습이 만져질 듯한데, 고국을 어느 결에 다녀왔다는 것일까.

"조카가 있어요. 돌아가신 형님의 한 점 혈육인데 망명할 때 동지한테 맡겼죠. 그런데, 그 아이를 출가시키려 한다는 소문이 들린 겁니다. 삼촌인 나한테는 연락도 없이. 내 조카를 팔아먹을 수작 아니오?"

신채호가 울컥했다. 벽초는 잠자코 듣기만 했다.

"당장 여비를 빌려서 국경을 넘고 한밤중에 숨어들었어요……."

하지만 향란이는 신채호의 말을 따르지 않았다. 삼촌보다는 임병문의 말을 믿는 것이었다. 신채호는 조카의 태도를 용납할 수 없었다. 형이 세상을 뜰 때 향란이를 책임지겠다고 스스로 약속했던 그였다.

"이제부터 너는 내 조카딸이 아니고, 난 너의 삼촌이 아니다. 골육이라도 이렇게 끊어 버린다."

그는 서슴없이 손가락 한 마디를 끊어 버렸다. 어떻게든 향란이를 설득하려는 마음도 작용했다.

벽초가 '큼!' 헛기침을 했다. 오죽 마음이 아팠으면 그랬을까.

신채호는 잘린 손가락을 무덤덤하게 내려다보았다.

"아무튼 무사해서 다행이오. 조카딸을 데려오려고 목숨을 걸다니. 다른 일이 있는 것도 아니고."

"볼일이 하나 더 있었지요. 제자를 저승으로 보냈답니다. 김기수라고……."

벽초 눈이 다시 휘둥그레졌다. 그는 무어라 말을 꺼내려다가 입을 다물어 버렸다. 신채호의 얼굴이 여전히 밀랍 같았다.

"날 지성으로 따르던 제자인데 넋이라도 위로해야지요. 그래서 진남포를 거쳐서 서울을 갔댔소."
"허어, 초상집까지 다녀왔다는 얘기요? 참, 일본 경찰에 잡히면 어쩌려고……."
김기수는 신채호의 학문을 이어받을 만큼 총명했다. 그리고 두 사람은 그 뜻이 서로 통하는 사이였다.
벽초는 그만 천장으로 눈길을 돌렸다.
'남들은 그저 맵고 찬 줄 알지만, 아닐세. 마음속이 포근하고 하얀 명주 솜일세, 단재는…….'

신채호의 사람 사귐은 결코 넓지 못했다. 하지만 마음을 열 수 있는 상대를 만나는 걸, 큰 즐거움으로 치는 사람이었다.

죽은 김기수 외에도 신채호의 제자는 몇이 더 있었다. 황해도 태생인 우응규도 그들 중 한 명이었다. 그는 스승의 학문을 잇지는 못했다. 하지만 신채호가 베이징에 머무는 동안 열성적으로 그를 따랐다.

당시 신채호는 몹시 가난했다. 식량 있는 날이 손에 꼽을 정도였다. 우응규는 그런 스승이 딱해서, 자리 밑에다 돈을 몰래 넣어 두었다. 신채호는 전혀 그런 사실을 모르고 지냈다. 좀체 방을 청소하지 않으니 자리를 떠들어 볼 일이 없었던 것이다. 이를 알게 된 친구 변영만은 틈을 내어 신채호를 찾아갔다.

방에 들어서자마자, 변영만은 역정부터 냈다.

"이게 뭐요? 아니, 돼지우리가 아닌 다음에야 방을 이 꼴로 둘 수 있단 말이오?"

그리 심한 말을 해도, 신채호는 싱긋이 웃으며 앉을 자리를 권했다.

"싫어요. 내 옷으로 청소하지 않을 테요."

변영만은 뻣뻣이 서서 끝내 고집을 부렸다.

"에이, 참 내!"

신채호가 마지못해 비를 들었다. 방을 쓸기 시작하니, 돗자리를 들지 않을 수 없었다. 마침내 자리 밑에서 돈이 나왔다. 신채호는 무심히 돈을 집어들었다.

"허! 돈이 다 떨어진 줄 알았더니 아직도 남았군."

그는 자기가 아껴 두었던 돈을 발견한 것이라 여기는 눈치였다.

우응규는 다음에도 자리 밑에 돈을 넣었다. 하지만 소용없는 짓이었다. 자리 밑에서 한 번 돈이 나왔다고, 신채호가 다시 자리 밑을 들추는 일은 없었다.

그의 방은 영원한 돼지우리였다. 그의 돈은 영원한 저축이자 영원한 발견품이었다. 언뜻 한심한 듯하지만, 신채호는 보통 사람으로선 이해하기 힘든 사람이었다.

13. 대망의 낭하이 임시 정부

　독립 운동 사상 처음으로 '대한 독립 선언서'가 선포되었다. 1919년 2월, 만주 동삼동에서였다. 무장 투쟁적인 독립 방책을 내세운 이 선언서에는 신채호를 비롯해 39명이 서명했다. 주로 남·북 만주와 러시아, 상하이, 미국 등에서 활동하는 독립지사들이었다. 이는 변화하는 국제 정세를 재빨리 활용한 것이었다. 제1차 세계 대전에서 독일이 패배하고, 연합국 대표들은 파리에 모여 강화 회의를 열었다. 여기서 미국 대통령이 제안한 평화안이 논의되었다. 그중에는 '그 민족의 장래는 그 민족 스스로 결정해야 한다'는 민족 자결주의가 들어 있었다. 바야흐로 우리의 독립 운동도 새로운 전기를 맞이하게 된 것이다.

　며칠 뒤인 2월 8일. 일본 도쿄에서 또 하나의 독립 선언서가 발표되었다. 조선인 유학생 2백여 명이 조선 기독교 청년 회관에서 '2·8 독립 선언'을 발표한 것이었다.

　다음 달 3월 1일. 드디어 서울에서 민족 대표 33인의 이름으로 독립을 선언하였다. 손병희, 권동진, 오세창 등 천도교계 인사들과 기독교의 이승훈, 불교의 한용운 등 민족 대표들이 태화관에서 '대한 독립 만세'를 외쳤다. 같은 시각 파고다 공원에서는 독립 선언식이 거행됐다. 서울 시내 중학교 이상의 학생들과 시민들 수만 명이 모여들었다. 만세 소리가 하늘 높이 메아리치고, 시위 행진이 이어졌다. 독립의 함성이 방방곡곡으로, 한국인 교포가 사는 세계 곳곳으로 퍼지기 시작한 것이었다.

"왔구나! 이제 때가 이르렀어."

베이징에서 3·1 운동 소식에 접한 신채호는 감격으로 몸이 부들부들 떨렸다. 나라 안팎의 움직임으로 보아, 독립을 쟁취할 절호의 기회가 틀림없었다.

"동지들은 지금 어찌하고 있을까. 때를 놓치면 안 되는데……."

신채호는 러시아와 만주, 상하이에 흩어져 있는 애국지사들과 급히 연락을 주고받았다.

신채호의 가슴은 점점 희망이 차 올랐다. 속속 오가는 소식에서, 그간 각각이던 망명 동지들이 뭉칠 기미가 엿보이는 것이었다.

신채호의 느낌은 정확했다. 상하이에서 연달아 반가운 소식이 날아들었다.

"여기는 요즘 애국지사들이 벌떼처럼 모여듭니다. 3·1 운동에 다들 힘을 얻은 거지요. 국내뿐 아니라 러시아, 만주, 미국, 일본에서도 옵니다. 이 힘을 하나로 묶을 단체가 절실해요……."

신채호는 당장 짐을 꾸렸다. 조국 독립을 위한 일이라면, 둘째가기 서러운 그였다.

과연 상하이에는 대한의 바람이 거세게 술렁거리고 있었다. 각처에서 모여든 망명 애국자가 자그마치 1천여 명이었다. 모두 조국 독립을 위해 동참하려고 벼르고 달려온 사람들이었다.

1919년 4월 10일 낮, 대표성을 띤 주요 인사가 마침내 한자리에 모였다. 조국이 독립할 때까지 조선을 대표할 임시 정부를 세우려는 것이었다. 그것은 더 미룰 수 없는 국민적 열망이었고, 국내에서는 이미 한성 정부가 진행되고 있는 형국이었다.

"오늘 모임은 새로 수립될 임시 정부의 조직 방법을 의논할 중요한 자리입니다. 더 설명 드리지 않아도 심사숙고하실 줄로 압니다."

회의장의 공기가 바짝 당긴 가야금 줄처럼 팽팽했다. 신채호, 현순, 신익희, 이회영, 이시영, 이동녕 등 29명의 참석자들은 빳빳이 굳어 있었다.

"의견이 있습니다. 먼저, 오늘 이 모임을 '임시 의정원'으로 부를 것을 제의합니다."

조소앙의 동의에 신석우의 재청이 있었다. 이어서 의장에 이동녕, 부의장에 손정도, 서기에 이관수와 백남칠을 선출했다. 지대한 기대와 관심 속에 진행되는 회의라 대체로 순조로웠다. 그런데 본격적으로 임시 정부의 조직에 들어가자, 의견이 대립하기 시작했다.

"임시 정부를 끌어갈 사람은 국내에서 독립 선언을 한 33인이 중심이 되야 합니다."

국내와 일본에서 온 대표들은 그렇게 주장했다. 그러나 해외 망명객들의 입장은 달랐다.

"나라 안에 있다는 이유로 그들이 중심이 되는 건 마땅치 않습니다. 망명자들의 고통은 이만저만이 아니오. 목숨을 걸고 항일 투쟁을 해왔단 말입니다."

양측은 자기 주장만 할 뿐, 조금도 양보하지 않았다. 신채호는 국내에서 조직된 한성 정부의 법통을 따르자고 했다. 비록 자신이 망명객이지만, 사적인 감정으로 막중한 일을 그르치고 싶지 않았다.

11일 새벽, 회의가 다시 열렸다. 이번에는 임시 정부의 수반인 국무총리를 선출할 순서였다.

여러 의원들이 손병희를 추천했다. 이어 이승만이 거론되었다. 순간, 신채호의 얼굴은 시뻘개졌다. 그는 급기야 벌떡 일어섰다.

"안 됩니다. 이승만은 절대 안 돼요."

갑작스런 그의 행동에 의원들은 어리둥절했다. 신채호는 자기에게 쏠린 눈길을 매섭게 노려보며 격렬하게 설명했다.

"이승만은 미국에 들어앉아서 외국에 위임 통치나 청한 사람이오. 따지고 보면 이완용이나 송병준보다 더 큰 역적이란 말이오."

이승만을 지지하는 의원들은 입을 떡 벌렸다. 신채호의 말은 거침없이 쏟아졌다.

"이완용 등은 있는 나라나 팔아먹었지만, 이승만은 아직 우리 나라를 찾기도 전에 있지도 않는 나라를 팔아먹은 자란 말이오."

당황한 의원 몇 명이 신채호를 향해 고함을 질렀다. 조용하던 회의장 안이 웅성거리기 시작했다.

신채호가 이승만을 거부한 데는 명백한 까닭이 있었다. 그러니까 2개월 전이었다. 정확히 2월 16일, 미국 〈연합통신〉에 한국 관련 기사가 보도되었다. 한국이 완전한 정부를 설립하고 나라 안의 정치와 외교의 권리가 있을 때까지 국제 연맹에 통치를 청했다는 내용이었다. 위임 청원서를 미국 윌슨 대통령에게 전한 사람은 이승만과 정한경, 민찬호 등이었다.

"조선이 그의 나라요? 어떻게 마음대로 그런 일을 저지른단 말이오. 그런 자를 임시 정부의 수반으로 앉힌다는 게 말이 됩니까. 용서할 수 없는 일이오."

그러나 의원들은 그 사실을 알고서도 이승만을 지지하려 들었다.

"이승만만큼 국제 사회에서 알려진 사람도 드물어요. 임시 정부엔 그런 사람이 필요합니다."

"솔직히 국제 연맹이 힘쓴다면 일제쯤 간단히 내칠 수 있을 거요. 이승만을 탓할 수는 없지요."

신채호는 분통이 터졌다. 목이 아프도록 이승만의 부당함을 설명하고 또 주장했다.

"이보시오, 스스로 얻지 않으면 남의 것이오. 이건 민족을 배반하는 행위요. 우리가 이제 남은 것이 무엇이오? 대의밖에 더 있소? 절개

밖에 더 있소? 그마저 잃으면 우린 설 수 없어요."
그러나 대세는 이미 반대편으로 기울었다. 신채호는 자리를 박차고 일어섰다.
"에잉, 마음대로 하시오. 나는 가오."
회의장 문을 지키던 젊은이들은 우르르 가로막고 나섰다.
"못 나가십니다, 선생님. 정부 조직이 끝나기 전에는 이 방에서 한 발자국도 못 나갑니다."
젊은이들은 눈물을 글썽이며 소리쳤다. 무슨 일이 있어도 이번에 정부를 세워야 한다는 모두의 바람이 그렇게 나타나는 것이었다. 회의장 안은 살기가 등등했다. 회의를 성공시키기 전에 퇴장하는 자는 죽이겠다는 그런 분위기였다. 의원들은 신채호를 말리고, 더러 빈정거렸다. 하지만 신채호는 어떤 경우라도 대의명분에 어긋나는 결의에는 참여할 수 없었다.
"나를 죽이구랴."
그는 한 마디를 던지고 유유히 회의장을 나가 버렸다. 생명의 위협조차도 그의 뜻을 꺾을 수가 없었던 것이다.
신채호가 떠난 후, 국무총리에 이승만이 당선되었다. 나라 이름은 '대한민국' 으로 결정했다. 이어서 '대한민국 임시 헌장' 과 헌장 선포문이 통과되었다. 일을 나누어 맡을 부서의 총장과 차장이 선출되고 국무원을 구성하였다. 임시 정부가 마침내 탄생한 것이었다.

제5회 임시 의정원 회의에서 신채호는 충청도 의원에 선임되었다. 그리고 8월 2일, 제6회 의정원 회의 때였다. 이날은 안창호 국무총리 대리 명의로 몇 가지 고쳐야 할 안건이 제출되었다. 주요 사항은 이승만의 대통령 추대에 대한 것이었다.

"이승만 국무총리는 지금 미국 워싱턴에서 임정을 대표하여 활동하고 있습니다. 그런데 그 동안 문제가 좀 있었습니다."

문제란 칭호에 관한 것이었다. 이승만이 외국인을 대상으로 하는 서류나 신문 발표에 대통령의 칭호를 쓴 것이었다. 임시 의정원 의원들은 황당했다. 그의 직함은 엄연히 국무총리가 아닌가.

"연락했나요? 워싱턴으로 알아봐야 할 것 아닙니까."

자세한 내막을 모르는 의정원 의원들이 너도 나도 한 마디씩 궁금증을 표시했다.

"얼마 전, 정식 연락을 취했지요. 이 총리에게 대통령 칭호를 사용하지 말라고 요청했습니다."

"그럼 해결됐네요. 굳이 대통령으로 고칠 이유가 없지요."

"답신이 왔는데, 이미 각국에 보낸 국서에 대통령 명의를 사용했답니다. 그리고 우리의 이런 문제들이 세상에 알려지면 우리 활동에 방해가 될 거라고 덧붙였어요.."

장내가 조금 소란스러워졌다. 의원들은 주변 사람과 눈을 맞추며 고개를 끄덕이기도 하고, 얼굴을 일그러뜨리기도 했다.

"할 수 없습니다. 총리 호칭만 대통령으로 고친다면 문제는 해결되는 겁니다."

"그럽시다. 다 독립 운동 잘하자고 하는 일인데요. 총리든 대통령이든 상관 있나요."

"총리 자격보다는 대통령이 다른 나라에 설득력이 있을 겁니다. 그분은 국제 사회에 알려져 있고, 외교엔 능한 분이에요. 대통령으로 모실 만하죠."

대체로 이승만의 독단적인 태도가 불쾌하지만 어쩔 수 없다는 반응이었다. 또한 힘없는 망명 정부이니, 강대국과의 외교에 기대어서 독립을 유리하게 끌어 보려는 혹한 마음도 컸다.

신채호는 펄쩍 뛰었다. 그렇지 않아도 미국의 친지가 보내 준 '위임 통치 청원서'의 원문과 번역문을 보고 통곡하던 참이었다. 그는 박은식, 김창숙과 함께 당장 임시 정부 청사로 달려갔다. 이동휘와 안창호, 이동녕, 이시영 등이 그들을 맞았다.

"이걸 보시오. 미국에서 온 거요. 이승만은 당장 파면시켜야 합니다."

"조국을 미국더러 다스려 달라는 자를 대통령으로 모셔요? 그럴 수는 없어요."

"그래요, 임정에서 아예 그를 빼야 합니다."

그들은 번갈아 가며 열변을 토했다. 그러나 그로 인해 오히려 고립 상태에 빠지고 말았다. 어렵게 구성된 임시 정부가 붕괴될 것을 염려한 대부분이 반대한 것이었다.

신채호는 도저히 분을 삭일 수 없었다. 그는 곧 임시 의정원 전위원회 위원장과 의정원 의원직을 사임했다. 옳지 않은 줄 알면서 적당히 눈감고 넘어갈 수는 없었던 것이다. 세수할 때 몸도 숙이지 않는데, 어찌 비굴하게 그른 일에 마음을 굽히겠는가.

10월 28일, 신채호는 주간 신문 〈신대한〉의 주필로 언론 활동을 시작했다. 〈신대한〉은 임시 정부 노선에 정면으로 맞서는 신문이었다. 그런데도 임시 정부에서 만드는 〈독립신문〉조차도 '지면이 크고 장쾌하다'고 평할 정도로 대단했다. 교포 사회에 끼치는 영향력도 컸다. 그렇다 보니, 발행 초기부터 임시 정부 측의 방해 공작에 맞닥뜨렸다.

신채호는 임시 정부 지도부의 무능과, 그 자체를 부인하는 극단적인 글을 실었다. 임시 정부가 현실과 타협해서 현상 유지에만 매달려 있다는 점도 꼬집었다. 무력 대결과 투쟁만이 민족이 살길인데, 쓸데없는 외교를 내세운다고 질책했다. 자주 독립이 아닌 강대국에 빌붙는 독립 청원도 그렇고, 서로의 이익을 챙기느라 정치 투쟁을 일삼는 인사들에 대해서도 목소리를 높였다.

신채호의 논조는 과격하리만큼 선명했다. 상하이는 임시 정부의 〈독립신문〉과 〈신대한〉이 서로 반론을 펴는 바람에 도가니처럼 들끓었다. 〈독립신문〉을 주간하고 있던 이광수는 신채호를 설복해서 〈독립신문〉의 주간으로 초빙하려 했다.

그러나 신채호의 소신은 확고했다.

"가시밭길을 걷는 우리 독립 운동이 내세울 수 있는 건, 바로 민족의 자주 독립이오. 그걸 외면하는 임정 측을 난 두고 볼 수가 없소."
두 사람은 개인적인 사이마저 완전히 끊기게 되었다.
〈독립신문〉 쪽에서는 〈신대한〉과 신채호가 갈수록 눈엣가시였다. 그들은 〈신대한〉을 폐간시키려고 온갖 방해를 했다. 거기다가 일제까지 암암리에 두 신문에 대해 이간 정책을 펴기 시작했다.

14. 베이징에서 내 출발을

'이제 어떻게 해야 하나. 그렇게 기대했던 임시 정부는 나와 투쟁 방향부터 다르고, 〈신대한〉은 결국 신문을 낼 수도 없게 되었으니……'

신채호는 막다른 길에서 갈등에 빠졌다. 이제 상하이에서 할 일은 없는데, 마음 닿는 곳이 마땅치 않았다. 어디로 가야 할까? 한 몸, 오직 조국의 광복을 위해서만 쓰일 데가 어디일까?

낯선 타국을 떠돌아다닌 지 어언 10여 년, 새삼스레 고국이 뼈저리게 그리웠다.

한 굽이 맑은 강물
두 언덕엔 푸른 숲
두어간 초당이
강가에 서 있었네

맑은 바람 얼굴 위를 스쳐들어

베개를 어루만지고

밝은 달빛 처마 밑을 찾아들어

거문고를 비쳤더니라

돌길에는 때론

다람쥐가 나 놀고

모래펄에는 의연히

갈매기가 드나리라

내 여이 십 년간을

돌아가지 못하여

연낭에 묶으면서

망향가를 부르나

신채호는 무거운 발걸음을 끌고 베이징으로 돌아왔다.

베이징은 독립 운동의 새로운 근거지로 떠오르고 있었다. 박용만, 이회영, 김창숙, 원세훈, 신숙, 이광, 유자명, 김원봉 같은 애국지사들이 새로운 정치적, 군사적 활동을 펼치고 계획했다. 임시 정부와 달리, 무력 항쟁으로 독립을 쟁취하려는 사람들이 모여드는 것이었다.

신채호도 '제2 보합단'에 참여했다. 보합단은 박용만, 고일청 등 50여 명으로 조직되었는데, 이들 역시 주로 임정에 반대하는 인사들이었다. 보합단의 목적은 무장 군사 활동이었다. 자연히 군율은 엄격했다. 군자금 조달에 응하지 않는 자는 즉시 사형에 처한다고 할 정도였다. 신채호는 이전보다 실천적인 활동에 나섰다. '내임장'의 직분을 맡아, 군자금과 단원을 모으는 데 직접 뛰어들었다.

같은 해인 1920년 4월은 신채호 개인에게도 뜻깊은 시기였다. 망명 생활 10여 년 만에 극적으로 가정을 꾸리게 된 것이었다. 중매를 한 사람은 이회영의 부인이었다. 이회영은 일찍이 서간도에서 경학사와 신흥 무관 학교 설립에 참여했는데, 당시는 베이징에 머물고 있었다.

"단재 선생님, 자신도 좀 돌보세요. 사람은 가정이 튼튼해야 뭘 해도 잘하는 법이에요. 이러다 쓰러지면 독립 운동이고 뭐고 아무것도 못 하시죠."

이회영의 부인은 적극적으로 설득에 나섰다. 오랫동안을 혼자 돌아다녔으니 신채호의 몰골은 말이 아니었다. 먹을 것 입을 것 잠자리 한 번 가려 본 적 없었다. 하지만 그 이전, 결혼 생활은 행복했던가? 신채호는 쓸쓸히 웃음 지었다. 이회영의 부인은 한 걸음 더 내디뎠다.

"색싯감이 활달한 여장부인데, 연경대학에서 축구팀을 만들었답니다. 언변도 뛰어나고요."

"여자 축구팀이오?"

여자가 축구팀을 만들다니! 대개는 몸가짐이 얌전해야 할 아녀자가 망아지처럼 뛰어다닌다고 기절할 테지만, 신채호는 도리어 싫지 않았다. 모르긴 해도 평범한 여인은 아닌 듯싶었다.

"웬만한 사내보다 속이 넓습니다. 마음이 여물고요. 어떤 어려움도 이길 수 있는 강한 정신을 지녔어요······."

이회영의 부인은 거미가 실을 풀듯 줄줄 자랑을 늘어놓았다.

색싯감 박자혜는 연경대학에 다니고 있었다. 하지만 전에는 조선 총독부 부속 의원의 간호사였다.

1년 전, 3·1 운동이 터지자 일본 경찰의 총검에 맞선 부상자들이 병원으로 밀려들었다. 박자혜는 치료에 여념이 없었다. 하지만 갈수록 늘어만 가는 부상자를 대하면서, 북받치는 민족의 설움과 분노를 느끼지 않을 수 없었다.

'간호사들도 역사적인 만세 운동에 참가해야 한다.'

그녀는 총독부 부속 의원부터 먼저 행동에 옮길 것을 결심했다. 마침내 3월 10일, 그녀와 뜻을 같이 한 간호사들이 병원에서 만세를 외쳤다.

"대한 독립 만세! 대한 독립 만세!"

상상도 할 수 없는 병원에서 터진 그 소리에 입원 환자들까지 동조했다. 병원은 발칵 뒤집혔다.

박자혜는 여기서 멈추지 않았다. 주요 병원의 간호사들을 만세 시위로 이끌어 내고, 파업과 태업이라는 말없는 시위를 조종하

였다. 일본 경찰이 그녀를 그냥 둘 리 없었다.

'박자혜는 과격한 말을 하며, 악질적인 여자다.'

그녀는 결국 체포되어서 종로 경찰서를 거쳐 서대문 형무소에 수감되었다. 다행히 얼마 뒤, 일본인 병원장의 보증과 주선으로 간신히 석방되긴 했다. 하지만 더는 일본인 병원에서 일하기가 싫었다. 그런 찰나, 종로 경찰서에서 다시 병원으로 들이닥쳤다. 그녀는 즉시 고국을 탈출했다.

신채호는 비로소 그녀가 궁금했다. 이회영의 부인은 마치 상대방의 속을 들여다본 사람처럼 말을 맺었다.

"독립 운동가 못지않게 아내도 힘듭니다. 하지만 그녀라면 훌륭한 아내가 될 겁니다."

마침내 신채호가 고개를 끄덕였다. 박자혜가 어느새 동지같이 든든하게 느껴지는 것이었다. 41세의 신채호와 26세의 박자혜는 이렇게 맺어졌다.

결혼한 뒤에도 신채호는 변함없이 가정에 소홀했다. 그러다 보니 젊은 아내에게 그리 믿음직한 보호자가 못 되었다. 신채호에게는 언제나 조국 독립과 학문이 가장 우선이었다.

아내는 견디다 못해 속이 상하면, 가끔 투정을 부렸다.

"당신은 집안일은 전혀 몰라라 하

는군요. 너무하십니다."

"내가 원래 세상사에 어둡고 서투르다오. 그리고 난 자유로운 게 좋소."

"그럼 결혼은 왜 하셨어요? 혹시 제게 불만이 있으세요? 그런 게 있으면 말씀하세요."

"아니오, 그저 난 가정에 등한한 사람이오. 임자도 미리 그렇게 알고 혹 섭섭히 생각 마시오."

신채호는 점잖고 다소 엄한 말투로 다독거렸다. 아내는 그만 입을 다물고 말았다. 신채호의 얼굴에 나타나는 심각한 표정이 그녀를 압도하는 것이었다.

'내 남편은 한 가정보다도 더 큰 무엇을 위하여 싸우는 사람이야. 작은 것에 매이게 해선 안 돼.'

비록 나이가 적었지만, 아내는 이해의 폭이 넓었다. 신채호로서는 여태껏 살아온 중에 애오라지 편안한 나날이었다.

이듬해 1921년 1월이었다. 신채호는 희미한 등불 곁에 웅크리고 앉아 밤을 지새웠다. 김창숙과 함께 펴내기로 한 한문 잡지 〈천고〉에 실을 새해 인사를 고심 중인 것이다. 그는 글에 실성한 사람 같았다. 한 구절 쓰고는 소리 높여 읊고, 또 몇 줄 써 내려가다가는 붓을 멈추고 무릎을 탁 치며 깊이 탄식했다. 생각이 막히면 연방 담뱃잎을 말아서 뻐끔뻐끔 빨아 댔다. 그러다가 불시에 두 눈에 이상한 빛이 지나가면,

아무 데나 담배를 던져 버리고 붓에다 먹을 찍었다.

그해 음력 1월 15일엔 맏아들 수범이 태어났다. 신채호의 활동이 한층 활기를 띨 무렵에 겹친 경사였다. 하지만 작은 행복조차도 느긋하게 누릴 여유는 없었다.

4월 1일, 신채호가 기초한 '성토문'이 각계 인사 54명의 이름으로 발표되었다. 국제 연맹에 위임 통치를 청했던 이승만의 잘못을 규탄하고 나선 것이다. 뒤늦게 일이 터진 것은, 이승만이 임시 대통령에 앉은 후에도 아무런 반성이나 해명이 없기 때문이었다. 많은 독립 운동가들은 이 참에 이승만과 임시 정부의 노선을 비판하고 근본적인 문제 해결을 촉구하려 들었다. 그리고 4월 하순, 이런 바람을 타고 가까스로 베이징에서 군사 통일 준비회가 개막되었다. 사실 이 모임은 지난해부터 신채호와 박용만, 신숙 등이 추진한 일이었다.

"우리가 급히 해결해야 할 과제는 군사 단체를 하나로 통합하는 일입니다."

이렇게 주장한 사람은 신채호였다. 보합단 참여로 각지에 흩어져 있는 독립 운동가와 연락을 취하며 활동하다 보니, 가장 안타까운 게 그 점이었던 것이다.

"동감이오. 만주에 있는 독립군 단체만 합해도 지금보다 훨씬 큰 힘을 발휘할 거요."

"그럼 우리가 서둘러서 군사 통일을 위한 촉성회를 만들어야겠군요."

그렇게 결정한 게 작년 9월. 그들은 즉시 곳곳에 있는 군사 지도자들의 의견을 들어서 하나로 합치는 작업에 들어갔다. 그러나 생각처럼 일이 진척되지 못했고, 해를 넘기게 된 것이었다.

군사통일주비회에 거는 기대는 상당했다. 참여한 독립군 단체가 자그마치 10개였다. 국내는 물론, 하와이, 북간도, 서간도, 러시아에 흩어져 있는 단체에서 각각 대표가 파견되었다.

회의에서는 좀 더 활발한 독립 투쟁을 위해 여러 가지 문제가 거론되었다.

가장 먼저 독립 전쟁에 대한 방침을 결정했다. 전략은 준비와 진공, 두 갈래였다. 즉, 시베리아에 집결된 독립군은 훗날 국내 진공 작전을 벌이고, 만주의 독립군은 유격 전술로 국경에 있는 적을 수시로 공격을 하자는 계획이었다. 그러자면 독립전쟁을 이끌 통일된 군사 기관이 필요했다. 회의장의 분위기는 슬슬 달아올랐다. 문제의 민감한 핵심 부분에 접근하기 때문이었다.

"독립 전쟁을 이끌 군사 기관은, 당연히 임시 정부 군무부에 설치해야지요."

"아닙니다. 임정과는 상관없이 새로운 군사 기관을 두어야 합니다."

"무슨 소리요. 엄연히 망명 정부인 임정이 있는데, 왜 따로 만들어요."

"임정이 있으면 뭐합니까. 나라를 외국에 내맡기려는 인물들이 수

두룩합니다. 날마다 준비나 외치고 강대국에 붙어서 외교 덕을 보려는 자들입니다. 그들이 독립 전쟁을 해요? 어느 세월에요."

"옳습니다. 그런 정부는 믿을 수 없습니다."

회의는 점차 임시 대통령과 임정을 불신임하는 쪽으로 기울었다. 군사 기관 설치 문제는 결국, 다시 국민 대표 회의를 소집하여 결정하기로 했다.

신채호는 〈대동〉의 주간을 맡게 되었다. 〈대동〉은 군사 통일 위원회의 결의 사항과 운동 상황을 선전하는 신문이었다. 한편 그는 '통일책진회'를 따로 조직했다. 앞으로 열릴 국민 대표 회의 운동에 박차를 가하기 위해서였다.

마침내 오랜 진통 끝에 1922년 1월 1일 상하이에서 국민 대표 회의의 막이 올랐다. 국외의 독립 운동 집회로서는 가장 규모가 큰 모임이었다. 임정 측에서 불법 집회로 규정했는데도, 각 지방 각파의 독립 운동자들이 거의 다 참석했다. 이제까지의 독립 운동이 안고 있는 문제점을 근본적으로 검토하고 재정비를 하려는 것이었다.

차차 분위기가 무르익으면서, 임시 정부 개조안이 본 회의에 올라왔다. 회의는 새롭고도 가파른 국면으로 접어들었다. 그 안건을 놓고 대표들이 창조파와 개조파로 나뉘기 시작한 것이었다.

"임시 정부를 아예 없애야 합니다. 새로운 기구를 만들어야 해요."

"그럴 필요까지 있소? 지금 있는 정부를 실제 운동에 맞도록 고치면 되죠."

창조파는 새로운 독립 운동 기구를 만들자 하고, 개조파는 임시 정부를 적합하게 고치자고 주장했다. 이들 두 파의 대립으로 회의는 진만 빼는 제자리걸음이었다.

두 달 후, 대표 회의가 파벌 싸움만 한다며 만주 대표들이 돌아가 버렸다. 그리고 개조안이 부결되자 개조파는 회의에 참석하지 않았다. 결국 창조파 인사 39명이 남아서 회의를 끌어갔지만 이미 대표 회의는 실패였다. 긴 시간 동안, 각지의 다른 세력이 동시에 뜻을 모아 일으킨 회의가 민족의 희망을 저버린 것이었다.

신채호는 눈앞이 캄캄했다.

'이번에는 기필코 모든 문제를 해결하고, 군사 단체들이 통합되어야 했는데……. 이젠 독립 운동이 제대로 될 것 같지 않아.'

처음부터 회의를 추진했던 그는 허망하기 짝이 없다. 한창 의견이 대립할 때, 신채호는 창조론에 손을 들었다. 그것은 임정을 적극적인 독립 투쟁 기구로 만들어야 한다는 생각 때문이었다. 그러나 회의가 점점 지도권 쟁탈전으로 변질되어, 결국 무산되고 만 것이었다.

'최대의 적 일제와는 변변히 투쟁도 못 하면서, 독립 운동가들끼리 싸움이라니!'

신채호는 온몸에 힘이 빠져 몸을 가눌 수 없었다.

그런데 문득 지난해 고국으로 돌려보낸 아들이 떠올랐다. 당시 임신 5개월이었던 아내와 세 살 된 아들은 어떻게 지내고 있을지…….

그러고 보니 퍽 오랫동안 가족을 잊고 있었다.

　작년, 그의 가족들은 극심하게 쪼들렸다. 가장인 신채호의 머릿속엔 오직 독립운동뿐이었다. 그는 생각다 못해 가족을 고국에 보내기로 마음먹었다. 처음 아내는 펄쩍 뛰었다. 하지만 막상 돌아갈 것을 결정하고는 도리어 그를 위로해 주었다.

　"우리 걱정일랑 하지 마세요. 산 입에 거미줄 쳤다는 말 못 들었지요? 제가 어떻게든 꾸려 나갈 거예요."

　"고맙소. 임자가 지아비를 잘못 만나 고생만 하는구려."

　"아니에요. 전 당신이 자랑스러워요. 아무나 못 하는 일을 하시는

데……, 몸 상하시면 안 돼요."

끝내 눈물을 글썽이던 아내가 눈에 선했다. 고국으로 가면 한 푼이라도 군자금을 마련해서 보내겠다고 용기를 주던 아내와 아들 수범이……. 그들이 너무 보고 싶었다.

'부인, 어떻게 지내시오? 난 지금 참으로 답답하오. 나라를 위한다고 나선 자들이 권력에, 감투에 눈이 어두워 대의를 그르쳤소. 정말, 내 뜻 같지 않구려.'

신채호는 멀리 고국 쪽으로 눈을 들었다. 하늘이 탁류처럼 뿌옜다.

15. 외로운 혁명가

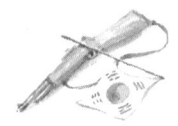

외로운 등불 가물가물 님의 시름 같이하며
일편단심 다 태울 제 내 맘대로 못할러라
창 들고 달려나가 나라 운명 못 돌리고
무질어진 붓을 들고 청구 역사 그적이네
이역 방랑 십년이라 수염에 서리 치고
병석에 누운 깊은 밤에 달만 누각에 비쳐드네
고국의 농어 회 맛 하 좋다 이르지 마라.
오늘은 땅이 없거늘 어디다 배를 맬고.

 책갈피에 시구를 흘려 쓴 종이가 끼여 있었다. 그저께였던가. 베갯머리로 기어드는 쓸쓸함에 긁적였는데, 아니 닷새쯤 되었나? 요즘 들어 부쩍 날짜 감각이 떨어지는 것 같았다.
 신채호는 한 손으로 책장을 넘기며 다른 팔로 배를 감싸 안았다. 창자가 뒤틀리는 느낌이었다. 굶는 게 오히려 밥 먹는 것보다 익숙하기는 해도, 배고픔을 견디기란 그리 쉬운 게 아니었다.

"계십니까, 단재 선생님!"

밖에서 인기척이 들려왔다.

문이 열리고, 다부져 보이는 젊은이가 깍듯이 허리를 굽혔다. 젊은이를 보는 순간, 신채호의 얼굴이 활짝 개었다. 그가 유달리 아끼고 사랑하는 젊은 애국자 김원봉이었다.

"폐를 끼치는 게 아닌지 모르겠습니다."

"무슨 소리, 당치도 않아. 적적하던 차에 잘 왔네."

신채호가 김원봉의 손을 잡아끌었다.

자리에 앉은 김원봉은 무슨 말을 할 듯한데, 어쩐지 쭈뼛거리는 인상이었다. 대체로 씩씩하고 대담한 성미에다 말도 활달하게 잘하는 그가, 오늘은 좀 이상했다. 김원봉은 평소 신채호의 학식과 꿋꿋한 기개를 존경하고 있었다. 가까이 대한 지 얼마 안 되었지만, 인격적으로 가장 숭배할 수 있는 분이라고 생각도 했다. 그런 어려움 때문일까.

신채호는 허리를 곧게 펴고 부드러운 눈으로 바라보았다. 두 사람의 눈빛이 허공에서 잠시 마주쳤다.

"저어, 부탁이 있습니다, 선생님."

김원봉이 급기야 말문을 열었다.

"상하이를 다녀오시면 안 될까요? 사실은 우리 의열단에서 몰래 폭탄을 만들고 있거든요. 일제를 겨냥한 폭탄이죠. 단재 선생님이 보셨으면 좋겠어요."

신채호는 이렇다 할 대꾸가 없었다. 김원봉은 신채호를 똑바로 쳐다보며 좀 더 분명하게 말을 이었다.

"선생님께선, 행동은 죽고 말만 있는 독립 운동가가 아니십니다. 그래서 의열단을 이해하실 줄 믿습니다. 저희들에게 가르침과 충고를 해 주십시오."

의열단은 김원봉이 이끌고 있는 비밀 애국 단체였다. 1919년 11월 10일, 만주 길림성에서 출발할 때부터 폭력 투쟁을 내세웠다. 그래서 일부에서는 의열단이 암살, 파괴만을 일삼는다고 비난했다. 의열단은 행동만 앞섰을 뿐, 투쟁을 독립 운동의 차원에서 정당화할 만한 강령이 없었다. 따라서 단체의 목적이나 지침을 분명히 내세우지 못하는 형편이었다.

"의열단의 강령을 써 주십시오. 단원들 사기도 높이고, 의열단을 세상에 제대로 알려야겠습니다. 도와주세요, 선생님."

김원봉이 거듭 간청했다. 그는 허락을 받을 때까지 물러나지 않을 기세였다. 그때까지 꿈쩍하지 않던 신채호가 입을 연 건 그때였다.

"그만하면 되었네. 내일이라도 감세."

그의 대답은 군더더기라곤 없이 흔쾌했다. 김원봉은 감복했다. 저명한 역사학자이며 독립 운동가인 신채호가 파괴와 폭동을 앞세우는 의열단의 부탁을 선뜻 들어주다니, 절로 고개가 숙여졌.

두 사람이 상하이로 향한 건 그로부터 며칠 후였다.

상하이 프랑스 조계 안에 김원봉이 빌린 양옥이 있었다. 그 집 지하실이 바로 비밀리에 폭탄을 만드는 장소였다. 신채호는 상하이에 머

물면서 의열단의 강령을 구상하기 시작했다.
　한 달쯤 뒤, 그 동안 완성한 여러 종류의 폭탄을 시험했다. 성능이 만족스러웠다. 그와 비슷한 시기에 신채호의 글에도 끝점이 찍혔다. 바로 6천4백여 자에 이르는 '조선 혁명 선언'이었다.

"이 선언서로 의열단이 정당성을 얻었으면 하네. 난 민족 독립을 위한 폭력 투쟁은 당연하다고 보거든. 우리의 항쟁 정신이 그래야만 해. 3·1 운동 때, 우리 국민들 힘은 얼마나 놀라웠나. 그 민중의 힘을 독립 투쟁 세력으로 끌어내야 하는데 말일세……."

선언서에 드러난 독립 운동 방법은 임시 정부가 내세운 외교론이나 준비론이 아니었다. 암살, 파괴, 폭동 같은 적극적 투쟁이었다.

이는 의열단뿐 아니라, 망명 직후부터 갖고 있던 신채호의 입장이기도 했다. 선언문을 받아든 김원봉은 흥분을 누르지 못했다.

"이렇게 빛나는 선언문은 처음입니다. 이걸 읽으니 당장이라도 독립을 쟁취하러 달려 나가고 싶은 걸요. 가슴에서 뜨거운 것이 막 치솟아 올라요."

선언문은 곧 인쇄에 들어갔다. '조선 혁명 선언'은 의열단원이 총검과 함께 지니는 필수품이 되었다. 또한 의열단원이 활동하는 국내와 중국·일본 등에도 널리 뿌려졌다.

선언문을 본 일제는 기겁했다. 그들의 야만적인 식민지 통치 방법과 그 참상을 일깨우는 첫 부분엔 뜨끔했고, 폭력 대상을 보고는 움찔했다.

조선 총독 및 각 관공리, 일본 천황 및 관공리, 정탐노, 매국적, 적의 일체 시설물, 언어나 행동으로 독립 운동을 중상하는 자, 일본인 이주민 등.

그리고 힘찬 구호로 맺는 마지막엔 불안했다.

강도 일본의 통치를 타도하고 우리 생활에 불합리한 일체 제도를 개조하여 인류로서 인류를 압박치 못하며, 사회로서 사회를 벗겨 없애지 못하는 이상적 조선을 건설할지니라.

일을 마무리하자, 신채호는 베이징으로 발길을 돌렸다. 그는 베이징 순치문 안 석등암에 머물면서 본격적으로 한국 고대사 연구에 들어갔다. 보람찬 나날이었다. 그 이유는 수개월에 걸쳐서 〈사고전서〉를 두루 읽을 수 있는 행운을 얻은 것이었다.

〈사고전서〉는 아무나 접할 수 없는 무궁무진한 사료의 보고였다. 18세기 청나라 때 중국 각지에 있던 귀한 책을 모은 것으로 고전, 역사, 사상, 기술, 문학 부분에 걸친 방대한 분량이었다.

신채호는 어마어마한 사료 속에서 한국 고대사 기록을 탐색해 나갔다. 또한 베이징 대학 교수이자 도서관 주임인 이대소에게 도서관을 이용할 수 있도록 부탁했다.

"신채호는 미친 사람이야."

"맞아, 걱정거리가 산더미일 텐데 갈등도 없나 봐. 제정신이면 저럴 수 있겠어?"

더러 쑥덕거리는 사람이 있었다. 하지만 그건 모르는 말이었다. 신채호는 애국적인 넋과 뜻을 활짝 펴지 못해서 내심 방황하고 있었다.

가족과 일상 생활 문제로 고민에 빠질 때도 많았다. 그가 종종 시상에 잠기는 건 아마 그때문인지도 모른다.

시는 거름종이처럼 잡념을 걸러내 주고, 자신과 사물을 깊이 들여다보게 해 주었다.

하늘은 유유하고
바다는 호탕하여
마음껏 싸다녀도
거칠 것 없어라
생사를 잊었거니
무슨 병 있으며
명리를 떠났으니
무엇을 또 구하랴

― 계해년 10월 초 이튿날

햇살이 화려한 수를 놓는 봄이 왔다. 아지랑이가 아물아물 피어오르고, 바람은 연초록 움을 틔우느라 가지 사이에서 바지런을 떨었다. 만물이 시시각각 모습을 바꾸었다. 그러나 신채호의 생활은 자연의 화사함이 미치지 못하는 응달 속이었다. 제대로 먹지 못한 채 연구에 몰두해서 그런지 눈까지 가물가물했다. 중국인 진씨가 찾아온 건 그런 와중이었다.

"단재 선생님, 저 진가입니다."

평소 알고 지내던 사람이라 신채호는 얼른 몸을 일으켰다. 그 순간 아뜩한 현기증이 일면서 몸이 휘청거렸다. 진씨가 급히 달려들어 부축했다.

"괜찮아요. 가끔씩 이런 걸, 뭐."

벽에다 등을 기대며 신채호가 힘없이 웃었다. 장님이 아닌 이상, 그의 상태를 충분히 짐작할 수 있었다. 신채호가 정신을 수습하는 잠깐 사이, 진씨는 혼자서 다시 망설였다. 대쪽 같은 성미를 아는 터라 수없이 생각 끝에 나섰는데도, 또 조심되는 것이다.

"단재 선생님……, 불학에 이해가 깊다고 들었습니다만……."

"이해는 뭐, 국내에 있을 때 불경을 좀 읽고 연구한 정도인데. 〈유마경〉이 좋아서 벗들에게 권한 적은 있지요. 그걸 왜 묻소?"

"저어……, 이렇게 고통 겪지 마시고 절로 들어가시지요."

진씨가 비로소 속을 툭 털었다. 신채호의 눈이 순간적으로 탱자만 해졌다.

"송구합니다. 하지만 차라리 산에 계시면 굶주림은 면할 게 아닙니까?"

"어허, 지금 나더러 산에 가서 밥 얻어먹고 불경을 하란 말이오?"

"아닙니다. 지금보다 훨씬 안정된 생활에서 연구를 하실 수 있는 길을 말하는 겁니다……."

진씨는 자기가 찾아온 이유를 간곡히 설명하기 시작했다. 요즘 신채호의 생활은 어떤 말로도 설명할 수 없었다. 강인한 정신력으로 버티고는 있지만, 한시가 막막한 지경이었다. 진씨는 그런 신채호를 참으로 염려하고 있었다. 다른 나라 사람이지만 누구보다 아끼고 존경하기 때문이었다.

"이 상태론 큰일 납니다. 조선의 독립 운동가들이 다 어렵지만 선생님은 특히 심합니다. 당분간, 건강을 회복하실 때까지만이라도……."

신채호의 표정은 속을 알 수 없게 담담함만 그리고 있었다.

진씨가 다녀간 얼마 후였다. 봄 향기가 코를 간질일 즈음 신채호는 훌쩍 사라져 버렸다. 가까운 동지들조차도 행방을 아는 이가 일체 없었다.

신채호는 진씨의 권유대로 입산했다. 하지만 몸을 의탁한 정도가 아니라 아예 머리를 깎고 참선에 들어갔다. 그가 몸담은 곳은 관음사로, 중이 수백 명이나 되는 오래된 절이었다.

수도 생활은 빈틈없는 일정 자체가 곧 고행이었다. 매이지 않고 자유롭게 살았던 신채호라 압박감은 더 컸다.

그는 새벽 2시에 일어나 오후 10시까지 부처에게 절을 하고 불경을 읽었다. 참으로 견디기 어려운 구속이었다. 순간순간 마음이 혼란스러웠다. 홀로 산 속에 던져진 것 같고, 동지들이 그리웠다. 현실에서

도망쳤다는 패배감과 죄책감도 들었다. 무능하고 힘없는 자신이 원망스럽기도 했다. 하지만 그럴수록 무섭게 스스로를 채찍질하고, 학문에 몰입했다. 짬짬이 시를 쓰고, 문학 작품을 짓고, 민족사 연구에 온 마음을 쏟았다.

'지금은 힘을 충전하는 기간이다. 결코 헛되이 보내선 안 된다.'

그는 하루하루에 충실했다. 조국 독립을 위한 기도는 단 한 번도 거르지 않았다.

그해 여름, 신채호는 관음사에 딸린 작은 암자에서 비지땀을 흘렸다. 그 결과, 역사 논문과 평론이 세상에 나오게 되었다. 물론 이 글들이 갑자기 빚어진 건 아니었다. 수십 일 동안의 공부로 쓰기는 했지만, 자료를 수집하고 연구를 시작한 것은 훨씬 오래 전부터였다.

〈전후삼한고〉, 〈조선상고사〉 '총론'을 비롯해서 많은 역사 논문이 선을 보였다. 이전부터 준비하던 원고도 고치고 다듬었다. 한국 고대사 논문들은 국내 신문인 〈동아일보〉에 실리기 시작했다. 연재는 10월부터 이듬해 3월 16일까지 계속되었다.

신채호의 역사 해석은 독창적이었다. 그는 우리 민족을 우뚝 세우기 위해, 고조선과 삼한의 영토를 고증해 냈다. 또한 고려 중기부터 배척당한 민족의 고유 사상을 강조했다.

한 예로 논문 '조선역사상 1천년래 제1대사건'은 여태까지의 평가를 뒤엎었다. 즉, 묘청의 난을 전통적인 민족 자주 사상과 사대적인 유가의 싸움으로 파악한 것이다. 그는 묘청을 요승, 반역자로 취급하지 않았다. 오히려 민족 자주적인 독립 사상을 실현하려는 인물로 보았다.

반면 김부식은 중국에 빌붙는 사대주의 파로 몰아붙였다. 당연히 김부식이 지은 〈삼국사기〉는 혹독하게 비판받았다. 유교적이고 사대적인 눈으로 사료를 고쳐 싣거나 아예 없애 버려, 역사를 바로 적지 않았다는 주장이었다.

그는 정여립에 대한 평가도 다시 내렸다. 여태까지 정여립은 임금 자리를 노린 반역자로 취급해 왔다. 하지만 신채호는 반대였다. 사대적이고 닫힌 조선 사회를 극복해 보려 한 창조적인 인물로 본 것이다. 전혀 새롭고 탁월한 역사적 평가였다.

그는 역사를 바로 써서 민족사의 뿌리를 찾는 일에 큰 보람을 느꼈다. 하지만 그것이 생활에 보탬이 되는 건 아니었다. 가족들은 고국에서 가난에 시달리고 있었고, 그 또한 암자에 빌붙은 신세였던 것이다. 이런 형편을 아는 국내에서 달콤한 유혹이 바다를 건너왔다. 최남선이 경영하는 〈시대일보〉가 그를 청한 것이었다.

'내가 고국으로 가려면, 일제 총독부의 양해를 얻어야 한다. 그것은 대의를 저버린 일이야. 그 뒷일은 뻔해…….'

그 다음은 불 보듯 훤했다. 한 번 고개 숙인 이상, 일제와 타협하고 그 비위를 상하지 않게 눈치를 보면서 비겁하게 살아야 할 것이다.

"어떤 것에도 내 뜻을 꺾을 수는 없소. 가혹한 시련, 아니 설령 죽음이라도 말이오……. 어쩔 수 없어 입산은 했지만, 내 본분은 독립 운동에 있어요……."

고국에서 가족과 편안하게 살 수 있는 기회를 신채호는 딱 부러지게 거절했다.

그는 곧 산 생활을 마무리했다.

'이제부터는 좀 더 적극적인 방법으로 나서리라.'

여장을 꾸리는 신채호는 독하게 마음먹었다.

16. 쉬지 않고 불타는 독립의 횃불

　틈서리를 파고드는 바람에 등불이 파닥거렸다. 방 안이 몹시 추웠다. 신채호를 찾아온 이회영과 김창숙, 유자명은 몸을 바짝 웅크리곤, 양 겨드랑이에 손을 넣고 있었다. 다들 행색은 초라할 정도이지만 두 눈만은 살아 번뜩거렸다. 거슬리는 게 있다면, 남달리 눈빛이 강한 신채호가 눈을 자주 감고 있다는 점이었다.
　자리가 파할 무렵, 이회영이 신채호에게 은근하게 물었다.
　"단재, 수범이를 다시 보내고 나서 후회하고 있지요?"
　엉뚱하게 자신의 얘기가 튀어나오자, 신채호는 번쩍 눈을 떴다. 그는 절대 그런 게 아니라며 손을 내저었다. 이회영은 인정하지 않았다.
　"괜찮소, 우리가 어디 남이오. 혈육보다 가깝지. 가족들 때문에 걱정되지요?"
　"그러게 왜 매정하게 또다시 보내셨어요? 이왕 먼 길 왔는데, 함께 사셔야죠."
　김창숙과 유자명이 한 마디씩 거들었다. 신채호가 6년 만에 만난 가족을, 번갯불에 콩 구워 먹듯 다시 고국으로 떠나 보내는 걸 지켜본이들이었다.

신채호는 궁지에 몰린 사람처럼 급하게 해명을 했다.

"글쎄 아니에요. 안질이 심해져서 눈이 아파서 그래요."

"또 안질이 도졌소?"

"단재가 침침한 방에서 날마다 책을 들여다보고 원고를 쓰니 눈병은 당연한 거요."

세 사람은 그제야 관심을 돌렸다. 어지간한 것은 어려움으로 치지 않는 그들이라, 안질 같은 건 별거 아니라는 태도였다. 하지만 신채호의 상태는 심각했다. 몇 해 전부터 앓기 시작한 것이 이젠 앞이 보이지 않을 만큼 악화되었다.

몸이 약한데다 안질이 겹친 상태에서도 신채호는 국사 연구를 놓지 않았다. 마침 〈시대일보〉 사장으로 취임한 홍벽초의 요청으로 신문에 사론을 연달아 발표했고, '조선사 정리에 대한 사의' 연개소문의 사년' '조선 민족의 전성 시대' 등을 써냈다. 그리고 〈조선상고사〉와 〈조선상고문화사〉를 쓰는 일도 놓지 않고 있었다.

저녁내 감돌던 무거운 기운이 안질 덕에 잠시 가벼워졌다. 그들은 조금 전, '다물단'에 대해 이야기했다. 다물단은 광복·국권 회복이란 뜻을 가진 옛말 '다물'에서 이름을 딴 독립 운동 단체였다. 1924년 말에 조직되었는데, 독립군도 무서워할 만큼 폭력 위주였다. 그들 네 사람은 모두 단체의 활동을 지도했다. 특히 신채호는 조직할 당시, '선언문'을 쓰기도 했다.

"아무튼 건강 합시다. 조국이 독립해서 쭉쭉 뻗어 나가는 걸 봐야지. 요즘 중국 사회 좀 봐요. 인도주의다 무정부주의다 사회주의다, 사상적으로도 얼마나 폭넓게 발전하고 있습니까."

"예. 그런 것들이, 서양 열강의 침략에서 벗어나는 데 큰 역할을 하고 있지요."

발전을 향해 치닫는 중국의 국민 운동을 부러워하면서, 한편으론 부아가 났다.

"도대체 우리는 뭐 하는 겁니까? 조국이 식민지 신세인데……."

생각할수록 한숨만 나왔다. 그 동안 내내 서로 갈라져 싸우느라 시간만 허비했다. 이제 일부에서는 일제의 술책에 말려들어 적당히 타협할 길만 찾고 있다. 임시 정부는 외교를 한다, 준비를 한다 하며 이름만 유지할 뿐, 눈에 띄는 활동이 전혀 없다.

"정말, 가슴 치며 울고 싶소이다. 이미 끝났지만 국민 대표 회의가 깨진 게 한스러워요."

"가장 기대를 모은 회의였소. 그런데 내분과 사상적 대립으로 깨졌으니!"

"그 후론 독립 운동이 일절 죽어 버렸어요. 지금껏 침몰한 배처럼 가라앉아 있다고요."

저절로 기다란 한숨이 내뿜어졌다. 벽에 부딪히면 늘 맨 먼저 나오는 게 한숨이었다.

신채호는 침울한 분위기를 털어 내고 싶었다. 주저앉아서 넋두리나

하는 건 성미에 맞지 않았다.

"다시 일어서면 되죠. 칠흑 같은 어둠 속에서도 늘 빛을 보려고 애써야 합니다."

나지막하면서도 힘있는 말투였다.

"단재는 그래서 무정부주의를 택했나? 하긴, 요즘 너도 나도 무정부주의에 관심이 많더구먼."

"글쎄요. 우리 애국지사들, 독립 운동 한다면서 권력 투쟁에 매달렸어요. 조국을 찾는 건 뒷전이었다고 봐요. 난, 새로운 사상이나 권력엔 관심이 없습니다. 그저 모든 힘을 독립 운동에 집중시키려면, 차라리 무정부주의식 항쟁이 낫다고 볼 뿐이죠."

"흠, 정부라는 것이 있으니까 권력 투쟁이 나타난다, 이 말이군."

"무정부주의는 철저하게 제국주의와 식민주의를 반대합니다. 급진적인 폭력 투쟁을 하고요. 그것이 우리에게 좋은 수단이 될 겁니다."

신채호가 무정부주의에 대한 입장을 밝혔다. 이회영과 김창숙은 긍정적인 반응을 보였다. 두 사람은 새로운 사상인 무정부주의를 나름대로 이해하는 동지들이었다.

잠자코 있던 유자명이 넌지시 말을 보탰다. 그는 무정부주의 운동의 대표적 인물이었다.

"일본의 압제 아래 있는 우리들에게 무정부주의는 확실히 매력적입니다. 하지만 한 걸음 더 나아가 자유 평등을 주장합니다."

유자명을 보는 신채호는 생기를 띠었다. 독립 운동의 실패로 좌절과 회의에 빠져 있을 때, 활력을 준 것이 중국 무정부주의자들인 이석증이나 오치휘와의 만남이었다. 유자명이 신채호를 마주 보며 빙긋이 웃었다.

"단재 선생은 민족주의를 버린 게 아니군요. 오히려 강화하는 수단으로 무정부주의를 빌렸어요."

유자명은 그렇게 결론짓고, 신문 기사 하나를 줄줄 읊기 시작했다.

우리 조선 사람은 매양 이해(利害) 이외에서 진리를 찾으려 하므로, 석가가 들어오면 조선의 석가가 되지 않고 석가의 조선이 되며, 공자가 들어오면 조선의 공자가 되지 않고 공자의 조선이 되며, 무슨 주의가 들어와도 조선의 주의가 되지 않고 주의의 조선이 되려 한다. 그리하여 도덕과 주의를 위하여 조선은 있고 조선을 위하는 도덕과 주의는 없다.

아! 이것이 조선의 특색이냐, 특색이라면 특색이나 노예의 특색이다. 나는 조선의 도덕과 조선의 주의를 위하여 곡하려 한다.

신채호는 눈이 둥그레졌다. 바로 자신이 지난 1925년 1월 〈동아일보〉에 발표한 평론이었다. "결국 이런 얘기지요? 주인 입장에서 새로운 것을 받아들이는 것과, 새로운 것의 종이 되는 것하곤 천지 차이 아닙니까, 단재 선생?"

"예. 자주적이고 민족적인 이해와 입장에서 새로운 것이 검토돼야지요. 무조건 추종해서도 안 되고, 무턱대고 배척할 것도 아니지요."

신채호가 짤막하게 대답했다. 무정부주의가 아니라 그 어느 것도, 민족을 떠난 것은 쓸데없는 것에 지날 뿐이라고 덧붙이려다 그만 두었다. 잠깐 대화가 끊겼다.

김창숙이 턱수염을 쓸어내렸다. 움직임으로 보아 새로운 화제를 내놓을 기미였다. 아니나 다를까, 그가 점잖게 말을 꺼냈다.

"그런데 요즘 국내에선 신간회 활동이 활발하다지요? 회원이 부쩍 부쩍 는다고 하던데."

"들으셨군요. 그래서 일본이 방해한답니다. 덜렁 창립을 허가해 놓고 당황한 거죠."

"신간회가 은밀히 벌이고 있는 독립 운동이 발각될까 걱정이네요."
이야기가 무정부주의에서 신간회로 돌아섰다.

"신간회 창립이 1927년 2월 15일이던가요? 민족주의자, 사회주의자 모두 일제에 항거하자고 손잡은 날이라 기억합니다."

"참 잘한 거예요. 유림·기독교·불교·학계까지도 빠짐없이 참여하지 않았습니까."

신간회는 사상과 종파를 떠난 단일 민족 운동 단체였다. 조선 민족의 정치적·경제적 해방을 실현하고, 민족의 현실적 공동 이익을 위해 같이 투쟁하자는 뜻깊은 모임이었다. 신채호도 30여 명의 인사와 함께 발기인으로 참여했다. 비타협적이고 투쟁적이며 급진적인 운동 방향에 찬성한 것이었다. 하지만 나라 밖에 있는 처지라 활동이 여의

치 못했다.

신채호는 독자적으로 적극 활동할 길을 찾고 있었다. 비밀 지하 조직인 무정부주의 모임을 통해서였다. 당시 베이징 당국에서는 무정부주의 모임을 엄격히 금하고 탄압했다. 그러나 한국을 비롯한 주변 국가의 무정부주의자들은 비밀리에 모임을 만들었다.

직접 실천 운동에 뛰어든 신채호의 자세는 그의 글 '대흑호의 일석담'에서 엿볼 수 있다.

……불만의 현실, 곧 최대 위력을 가진 현실에서 도피하는 자는 은사이며, 굴복하는 자는 노예이며, 격분하는 자는 전사이다. 우리가 그중 하나를 선택하지 않을 수 없는 경우에 선 줄을 자각할 지니라.

그는 전사를 택했던 것이다. 이런 비장한 변신은 다른 글에서도 시도되었다.

무정부주의 철학을 소설에 담아 〈용과 용의 대격전〉을 내놓았다. 이 작품에는 특권 지배자들이 사는 천국과 고통받는 민중들의 지국, 천국의 시위 대장인 용 미리와 민중의 편인 용 드래곤이 등장한다. 이들을 통해 민족 해방을 성취하려는 자신의 꿈과 이상을 강렬하게 그렸다. 또한 〈일이승〉〈유화전〉〈백세노승의 미인담〉〈일목대왕의 철퇴〉 등의 작품에도 투철한 민족 독립 사상과 반봉건 의식을 담아 냈다.

김창숙이 하품을 가리다가, 조끼 주머니에서 시계를 들추어냈다.
"어이쿠! 벌써 이렇게 됐네……."
김창숙은 깜짝 놀라는 시늉을 했다. 그러다가 신채호와 눈길이 닿자, 씩 웃었다.
"난 시계를 보다가 실없이 잘 웃어요. 이게 다 단재 덕이야."
"아유, 선생님 또 그 말씀."
신채호가 얼굴을 붉혔다. 전에 달걀을 하나 삶다가, 책에 정신을 판 나머지 시계를 삶았던 일을 들먹이는 것이었다.
"허허허…… 하하하……."
네 사람은 크게 소리내어 웃었다. 이렇게 부담 없이 웃어 보는 게 실로 얼마 만이던가.

동지들이 떠난 작은 방은 몹시 을씨년스러웠다. 신채호는 옷을 단단히 여미고 책상을 끌어당겼다. 그 바람에 등잔이 흔들렸다. 불꽃이 날아갈 듯 몸을 뒤채고, 그 속에서 형상이 어른거렸다.
"수범아!"
아들 수범이 해쭉 웃으며 주먹을 펴 보였다. 쥐방울만한 손바닥 위에 20문짜리 중국 동전이 달랑 놓여 있었다. 아! 아들이 고국으로 떠나는 날까지도 중국 동전 하나를 날마다 쥐어 주던 그였다. 신채호는 갑자기 목이 메었다. 미처 거부할 겨를도 없이 그리움은 온몸을 사로잡았다. 그는 단숨에 두 달 전 기억 속으로 거슬러 올라갔다.

그 당시, 신채호의 시력은 점점 떨어지고 있었다. 그는 완전히 시력을 잃기 전에 아들이 한번 보고 싶었다. 서울과 베이징이 보통 거리가 아니기 때문에, 그건 바람에 가까웠다. 하지만 소식을 들은 부인은 아들을 데리고 부랴부랴 먼 길을 달려왔다.

꿈속인 양 싶었다. 고국으로 돌려보낸 지 6년 만에 이루어진 만남. 아들은 여덟 살이 되었고, 젊은 아내는 몰라보게 늙었다. 그는 착잡하면서도 참으로 오랜만에 몸과 마음이 안정되는 걸 느꼈다. 가족과 함께 있으니 왠지 뿌듯하고 가슴에는 훈김이 돌았다. 하지만 마냥 가정생활에 묻혀 지낼 수는 없었다. 신채호는 할 일이 많은 사람이었다. 쓰러진 나라를 위해, 설움받는 민족을 위해 자신의 행복은 미룬 사람이었다. 더구나 그 무렵에는 무정부주의 모임에 관계하면서, 비장한 행동을 실천하려는 중이었다.

신채호는 가족들의 눈물을 사정없이 자르고, 고국으로 다시 등을 떠밀었다. 한 달 정도라는 짧은 만남이 기약 없는 생이별로 막을 내린 것이다. 바로 며칠 전……

'수범아, 미안하다. 하지만 아비는 네게 광복된 조국을 물려주고 싶어. 부자의 정은 그때 나누자!'

신채호의 눈자위가 발그스름하게 물들었다. 까칠한 얼굴에서 까맣게 빛나던 수범의 두 눈이 그의 가슴에 아프게 박혔다.

17. 비장한 변신

가족을 돌려보낸 신채호는 곧장 행동에 뛰어들었다. 그의 눈에는 권세도, 부귀도 없었다. 오로지 조국과 민족의 독립만 이글거릴 뿐이었다. 세상 어느 것도 그처럼 중요하지 않고, 시급하지도 않았다. 독립 운동가 대부분이 실망에 빠져 있을 때였지만, 그는 결코 낙망하지 않았다. 어떻게든 빛 속을 걸어가고자 했다.

1929년 1월, 마침내 중국 톈진에서 무정부주의 동방 연맹 대회가 열렸다. 한국, 중국, 인도, 베트남, 대만 등 여러 나라의 대표가 1백여 명이나 참가한 대규모 모임이었다. 신채호가 이 대회를 개최하는 데 주동적인 역할을 했다. 베이징에서도 비슷한 대회가 치러졌다. 중국에 있는 조선인 무정부주의자들의 모임이었다. 이때도 그는 '선언문'을 쓰고 앞장서 활동했다. 이들 회의에서는 몇 가지 사항을 결의했다. 그 중, 가장 주목할 것은 두 가지였다.

첫째, 무정부주의 기관지를 발행해서 널리 선전할 것.
둘째, 일제의 주요 기관 파괴를 위한 폭탄 제조소를 설치할 것.

문제는 자금이었다. 결의를 실행하려면 막대한 돈이 필요한데, 구할 길이 없었다. 지도자들은 의논을 거듭했다. 하지만 달리 방법이 없자, 결국 비상 수단을 들먹이게 되었다.

"외국 채권을 만듭시다. 2백 장만 위조해요. 그게 6만 4천 원쯤 되니까, 현금으로 바꾸면 한동안 쓸 겁니다."

신채호는 선뜻 찬성하지 않았다. 채권을 진짜처럼 만든다는 것은 엄청난 모험이었다. 그리고 여러 은행을 통해 현금으로 바꾸는 일도 간단치가 않았다.

"진짜와 구별할 수 없게 인쇄할 수 있소? 목숨을 걸어야 하오."

"해볼 밖에요. 우리가 자금을 마련할 길은 그뿐입니다."

다른 묘책이 없었다. 대의를 위해서라면 자신의 한 몸 희생을 각오한 무정부주의 동지들이었다.

일단 뜻이 모아지자 일은 빠르게 진행되었다. 외국의 채권이 감쪽같이 위조되고, 현금으로 바꾸는 절차가 남았다.

신채호도 직접 나섰다. 그가 바꿔야 할 돈은 1만 2천 원이었다. 그는 중국인으로 변장하고, 일본 고베를 거쳐 대만 지룽으로 향했다. 그런데 배가 상륙하기 직전, 미리 연락을 받고 기다리던 수상서원에게 체포되고 말았다. 다른 곳에서 돈을 찾던 동지가 앞서 체포되면서 일이 들통나 버린 것이었다.

일본 경찰의 고문은 혹독했다. 신채호는 고문을 당하다가 몇 번이나 까무러쳤다. 먼저 잡혔던 젊은 동지는 고문 후유증으로 그만 죽고 말았다. 신채호는 동지를 잃은 슬픔을 삭이며 이를 악물었다.

'정신 차리자. 일본인 앞에서 나약한 모습을 보여서는 안 된다. 두 눈을 크게 부릅떠라!'

하지만 고문은 인간의 생각을 마비시켰다. 차라리 고통보다 죽음이 나을 것 같았다. 더욱이 신채호에게는 새로운 실천 활동이 빛을 보기도 전에 중단된 아픔까지 보태졌다. 다롄 감옥에서 재판을 기다리는 나날은 지루하고 캄캄한 동굴 속이었다.

그러던 어느 날, 서울에서 그를 면회 온 사람이 있었다. 신간회에서 파견한 사람이었다.

두 사람은 동시에 손을 부여잡았다. 간수가 신경질적으로 소리쳤지만 들리지 않았다. 둘은 말을 한 마디도 하지 못한 채 얼마를 그렇게 있었다.

"……선생님, 건강은 어떠세요."

"아무렇지 안 하오. 다만 눈이 그저 낫지 못하여서……."

"음식은요. 음식은 드실 만한가요?"

"그런 건 도무지 걱정 없어요. 다만 책이나 좀 있으면 하지요."

"무슨 책이요?"

신채호가 책제목을 말했다. H. G. 웰즈의 〈세계문화사〉와 에스페란토 문법책 등이었다.

"다른 거 또 필요한 건 무엇입니까? 옷도 있어야 하지 않습니까?"

필요한 것을 자꾸 말하라는 재촉에, 신채호는 조선 겨울옷 한 벌과 버선 몇 켤레가 있으면 좋겠다고 대꾸했다. 그뿐이었다. 그가 제일 걱정하는 것은 자신이 아니라 아들에 대한 염려였다.

이해 12월 13일, 비로소 1회 공판이 열렸다. 그리고 이듬해 2월 7일에 제2회 공판이 개정되었다. 3회 공판은 4월 4일이었다.

방청석에는 매번 한국 동포를 비롯하여 중국인과 일본인들이 2백여 명이나 몰려들었다. 심리는 늘 매서운 눈길과 긴장 속에서 진행되었다.

"그대는 국제 채권을 사기하려 하였나?"

재판관이 물었다. 신채호는 고개를 똑바로 들고 조금도 거리낌없이 대답했다.

"그렇소."

"사기가 나쁘다고 생각지 않나?"

"우리 동포가 나라를 찾기 위하여 취하는 수단은 모두 정당한 것이니 사기가 아니오. 나라의 독립을 위해선 사기 아니라 도둑질을 할지라도 양심에 부끄럼이나 거리낌이 없소."

너무나 당당한 말이었다. 그는 창백하지만 의연한 태도로 무정부주의자 동맹을 조직한 까닭을 말했다.

"난 제국주의 제도가 몹시 불만스럽소. 그래서 약소 민족의 미래를 위하려 했을 뿐이오. 특히 일제와의 독립 투쟁을 통해 조국 광복을 쟁취하려고 무정부주의 운동에 가담한 것이오."

신채호는 조금도 두려워하지 않았다. 그의 몸가짐이나 말은 한치도 흐트러짐 없이, 독립지사다운 지조가 우러났다.

재판은 관선 변호사에 의해 어디까지나 형식적으로 진행되었다. 제4회 공판은, 3회 공판으로부터 6개월 뒤 1929년 10월 3일에야 개정되었다.

이날 방청석에는 국내에서 온 사람들과 신채호의 가까운 친지들, 그리고 교포들로 만원을 이루었다. 법정 안은 이전보다도 한층 긴장감이 돌았다.

"피고 신채호는 26, 27세 때부터 조선 독립을 목적으로 독립 운동 단체인 신민회에 가입한 일이 있는가?"

"그렇소."

"신민회에 가입한 후부터 공산국을 건설하려는 운동을 하였는가?"

"그렇지 않소. 신민회는 그 이름과 같이 다만 조선 독립을 목적함이오."

재판관은 망명하기 전의 일부터 캐물었다. 신민회의 간부가 누구이며 회원이 몇이냐, 무슨 일을 하였는가……. 신채호는 질문을 받을 때마다 먼저 다른 사람의 신변을 염려하였다. 그래서 동지들과 관련된

부분은 일절 말을 피하거나 부인해 나갔다.

"피고는 신문 기자로 생활을 했다고 했는데, 그러면 신문을 통해 조선 독립을 선전하였던가?"

"그렇소. 그러나 신민회와는 관계가 없는 신문이오."

"31세 때 베이징에 간 일이 있었던가?"

"있소. 내가 35세 때부터는 대개 베이징에 있었소."

"칭다오·상하이·블라디보스토크에도 갔나?"

"독립 운동을 목적으로 간 일이 있었소."

재판관의 질문은 막바지에 이르러 무정부주의 동방 연맹으로 돌아갔다.

"동방 연맹에는 대정 13년경에 입회하였는가?"

재판관의 말이 떨어지자, 신채호가 갑자기 눈초리를 세웠다. 그리고 날카로운 시선으로 재판관을 향해, 일본 연대를 써 보지 못해서 대정 몇 년이란 것을 모른다고 말을 잘랐다.

"동방 연맹이란 도대체 무얼 건설하자는 단체인가?"

그 태도가 괘씸했는지, 재판관의 소리가 칼칼해졌다. 신채호는 전혀 흔들리지 않았다.

"권력 투쟁이나 일삼는 정부 없이, 동방이 다 같은 자유로서 잘살자는 것이오."

재판관의 심문은 꼬투리를 잡기 위해 연맹에 대해 구체적으로 파고들었다. 회원이 얼마이며, 운동 방법은 무엇이며, 어떠한 행동을 했느

냐는 등. 일제가 이것 저것을 묻는 데는 시커먼 속셈이 있어서였다. 이번 기회에 신채호의 항일 투지를 깡그리 꺾으려는 계획이었다. 그래서 다른 살인 사건과 관계된 것처럼 죄를 뒤집어씌우려 하고, 수단과 방법을 가리지 않았다. 신채호는 굴하거나 말려들지 않았다. 아무리 고초가 심해도, 평생 지켜온 민족 독립의 긍지와 신념이 변할 수는 없었다.

 1930년 4월 28일, 마침내 실형이 떨어졌다. 붙잡혀서 고문당하고, 몇 차례 재판을 거친 세월이 지루하게도 2년이나 걸렸다.

 그는 뤼순 형무소의 감방으로 옮겨졌다.

 '신채호. 죄수 번호 411번. 중죄의 사상범. 독방에 수감.'

 남의 나라 중국 땅, 뤼순 감옥 쇠창살 안에서 신채호는 10년 징역을 살아야 했다.

18. 철창 속 몸부림

너의 눈은 해가 되어
여기 저기 비치우고 지고
님의 나라 밝아지게

너의 피는 꽃이 되어
여기 저기 피고 지고
님나라 고와지게

너의 숨은 바람되어
여기 저기 불고 지고
님나라 깨끗하게

너의 말은 불이 되어
여기 저기 타고 지고
님나라 더워지게

살은 썩어 흙이 되고
벼는 굳어 돌 되어라
님나라 보태지게

눈은 떴어도 보는 것은 없었다. 신채호의 의식 속에는 아까부터 시구만 붕붕거렸다. 아주 오래 전, 10년도 더 전에 쓴 시였다. 그때는 실패를 거듭하면서도 또 희망으로 덤벼들던 시절이었다. 조국을 위해 날 바치는 뜨거움으로, 어떤 어려움도 달게 헤쳐 나가던 때였다. 그것은 스스로에게 부여한 의무이자 삶의 보람이었다.

오직 하나의 사랑 조국! 신채호는 가슴이 터질 것만 같았다. 일제에 대한 증오와 분노를 억누를 수 없었다. 세상과 철저히 단절된 철창 안에서도, 독립을 향한 그의 열정이 도무지 식지 않는 것이었다.

'아아! 할 일이 태산인데, 난 이렇게 붉은 죄수옷을 걸치고 하릴없이 있구나……'

자신이 한갓 무력한 존재라는 것에 견딜 수 없었다. 감옥에서 하는 노동이나 육체적 아픔 따윈 댈 바가 아니었다.

옥살이를 시작한 지난해 1930년 여름, 서울로부터 연락이 왔다.

"선생이 쓴 고대사 논문들이 〈조선사연구초〉란 이름으로 출간되었습니다……."

응당 기뻐해야 할 소식이지만, 신채호는 그 반대였다. 애당초 그 논문들을 모아 책으로 만들 준비를 할 때부터 원고가 불만족스러웠다.

자료도 부족하고 연구 또한 경솔했다는 생각이 든 것이었다. 그는 수정을 하겠다며 출판 중지를 요청했다. 그러나 출판 책임을 맡은 홍벽초가 적극 말렸다. 당국으로부터 출판 허가를 다시 받기도 어렵고, 고심해 연구한 것을 갑자기 없애 버리는 성미를 잘 아는 탓도 있었다. 그게 1925년 말이었는데, 그 동안 출판 사정으로 신채호가 투옥된 뒤에야 책으로 나온 것이었다.

이제, 역사에 대해 감옥 안에서 할 수 있는 것이라곤 그 동안의 연구에 대한 새김질뿐이었다. 체포되기 직전까지도 역사 연구를 놓지 않았는데.

그가 분에 못 이겨 몸부림치고 있을 때였다. 저벅저벅, 구두 소리가 들렸다. 그 소리는 점점 커다래지더니 신채호의 방 앞에서 멎었다.

"411번, 면회다."

소름 끼치는 금속성이 울리며 옥문이 열렸다. 궁금한 얼굴로 신채호가 부스스 일어섰다. 스산한 가을 바람을 헤치고 그를 만나러 와 준 사람이 누구일까?

면회 온 사람은 〈조선일보〉 기자였다. 그는 핼쑥하고 누르스름한 신채호를 보자, 건강부터 물었다.

"선생님, 건강은요. 안질은 좀 나으셨어요?"

"그다지 곤란하지는 않아요. 좀 불편한 것은 하루에 여러 번 일어나서 소변 보는 것이 이상할 뿐이에요."

"옥중에서 책을 보실 수 있습니까?"

"될 수 있는 대로 봐요. 노역을 해야 하니 시간은 없어요. 일하는 중에 한 10분씩 쉬는데, 귀중한 시간을 그대로 보내기 아까워서 조금이라도 책 보는 데 힘씁니다."

부지런히 옥중 생활 이야기가 오갔다. 면회 시간이 짧은 15분이라 단 1초가 아까웠다.

기자는 지금 세상에서 화제가 되고 있는 신채호의 소식을 전해 주었다.

"선생님이 오랫동안 쓰셨던 역사가 우리 신문에 매일 발표되는 걸 아십니까?"

지난 6월 10일부터 10월 14일까지 연재된 〈조선상고사〉와 그 뒤를 이어 실리고 있는 〈조선상고문화사〉를 말하는 것이었다. 신채호가 고개를 끄덕였다.

"알기는 합니다만, 그것이 큰 노력을 들였는데도 완벽하지 않아요. 돌아가시면 발표를 중지시켜 주세요. 만일 내가 여기서 무사히 나가게 된다면 다시 고쳐서 발표하겠어요."

"단재 선생님, 지나친 겸손입니다. 얼마나 환영받고 있는데요."

기자는 신채호의 뜻을 이해할 수 없었다. 그가 쓴 역사 논문에, 학계와 독자들은 열광적인 반응을 보이고 있었다. 아직 한국 고대사 분야에 그만큼 독특하고 눈에 띄는 연구가 없었던 것이다. 또한 당시는 태반이 일제 식민지 사관에 의해 한국사가 쓰이고 있었다. 그런데 신채호는 우리 고대사를 풍부한 사료로 증명하면서 민족 역사의 우수성과

자부심을 통쾌하게 밝힌 것이다.

신채호는 조금 더 강하게 고개를 저었다.

"아니에요. 결코 그같이 속히 발표하려 한 것이 아니오. 좀더 깊이 연구해 내가 자신이 생기기 전에는 발표하지 않으려고 했는데……. 중도에 이렇게 중단되었구려. 다행히 건강하게 나가게 된다면 다시 연구해서 발표할 거요."

신채호가 누차 자신의 뜻을 내비쳤다. 그가 이렇듯 고집을 부리는 데는 다른 까닭이 있었다. 그것은 일본 연대로 표시하는 신문에 자신의 글을 싣고 싶지 않아서였다.

기자는 다소 능청스런 투로 손짓을 섞어 가며 말머리를 돌렸다.

"대관절 선생님 건강이 능히 8년을 계속하겠습니까?"

"이대로만 간다면 8년 고역은 견딜 것이라 자신합니다."

신채호가 환한 얼굴로 응수했다. 하지만 말처럼 그의 건강이 좋아 보이지 않았다.

오랜만에 만나는 고국 사람이라 궁금한 게 많은 신채호였다. 그는 여러 가지를 물었다. 기자의 집안일을 묻고, 신문에 대한 최근 소식을 묻고, 그리고 벽초 홍명희 소식을 물었다.

"홍벽초 선생은 서대문 형무소에 계십니다. 광주 학생 운동과 관련되어서 그리되셨어요."

"그래서 내가 그 동안 여러 번 편지를 하였어도 아무 소식이 없었군……."

신채호는 고개를 떨군 채 한참을 있었다. 서로 멀리 떨어져 있으면서도 함께 일제에게 고역을 당하는 친구를 생각하는 것이었다.

간수가 시간 재촉을 했다. 기자는 빠르게 부탁할 것을 물었다. 신채호는 역사책과 스페인어 사전 등 책이 필요하다고 말했다. 기자는 그 외의 것을 독촉했다.

"다른 말씀은요, 선생님?"

"……서울에 있는 내 자식, 공부시킬 것이 걱정되오. 하지만 이 속에서 그런 것을 생각하는 것은 오히려 어리석지요. 그래서 단념했습니다."

신채호가 쓸쓸히 미소 지었다. 잎사귀를 다 떨군 채 겨울 가뭄을 맞은 나무 같은 전율이 전해졌다.

간수가 다가섰다. 기자는 어금니를 질끈 물었다. 민족과 역사의 아픔을 고스란히 자신의 고통으로 여기는 신채호에게 어설픈 눈물을 보일 수는 없었다.

일본인 간수들은 그리 심하게 굴지 않았다. 그들 중에는 신채호를 존경하는 간수도 있었다. 뤼순 감옥은 합방 전에 안중근 의사가 처형당했던 곳이고, 다른 일본인 감옥에 비해 한국인에 대한 대우가 약간 부드럽다고 평을 듣는 곳이었다. 하지만 형무소 측에서 허락한 것은 가벼운 독서 정도였다. 감방 안에서 집필은 거의 불가능했다. 신채호는 감정이 솟을 때면 수첩에다 짧은 시를 쓰곤 했다. 그것이 감옥 안

에서 할 수 있는 유일한 위안이었다.

하지만 그의 집념은 변함이 없었다. 마음속에는 민족사에 대한 정열이 늘 용트림하고 있었다. 그는 날마다 역사 속에 살았다. 역사란 '나와 남의 투쟁' 아닌가. '나'는 국가요, 국민, 민족이요, 애국심, 독립이요, 자립의 개념이었다. 그저 본능에 충실한 '작은 나'가 아니었다. 사회와 국가, 인류를 위해 공헌하는 참된 '나', 가치와 진리를 추구하는 바른 '나'였다.

신채호는 국민 각자가 그런 '나'에 충실할 때만이 나라를 찾을 수 있다고 여겼다. 그가 민족의 역사에 집착한 것도 바로 그 점 때문이었다. 역사를 통해 '나'를 찾고 깨닫게 하려는 것이었다. 역사 속에는 동명성왕이나 광개토대왕, 을지문덕, 연개소문, 대조영, 최영, 이순신 등 본보기 삶을 산 조상이 얼마나 많은가.

설핏 잠이 들면 신채호는 꿈을 꾸었다. 꿈속에선 어김없이 원고를 쓰고 있다. 고국의 신문에 실린 〈조선사〉와 〈조선상고사〉를 마무리짓고, 새로이 〈조선사색당쟁사〉와 〈대가야사〉를 쓰느라 정신이 없다.

실제로 그 두 논문을 쓰는 것이 신채호의 절실한 바람이었다. 〈조선사색당쟁사〉나 〈대가야사〉는 그만이 정확하게 쓸 수 있기 때문이다. 머리엔 이미 구상이 서 있었다. 하지만 꿈에서라면 모를까. 현재로선 빛을 보지 못할 허상에 불과했다.

신채호는 옴짝달싹 못하는 자신의 처지가 너무 한스러웠다. 겉으로는 태연해 보였지만, 속은 그를 가둔 일제에 대한 울분과 증오심이 용

암처럼 끓고 있었다.

신채호는 벗 홍벽초에게 편지를 썼다.

형…….

산같이 쌓였던 말이 붓을 잡고 보니, 물같이 새어 버리는 것 같습니다.

무슨 말부터 써야 할는지요. 일전에 '홍 선생은 검사국으로 넘어갔습니다'라는 소식을 들었는데, 지금도 그곳에 계신지요. ……아, 이 세상에서 다시 얼굴을 맞대고 만나게 될는지 의문입니다. 형에게 미리 한 마디 올리려고 이 붓을 듭니다. 그러나 억지로 참습니다. 참자니 가슴이 아픕니다마는 말하련즉 뼈가 저립니다. 그래서 아픈 가슴을 부둥키어 안고 운명이 정한 길로 갑니다……. 요즘 가장 애착하는 두 편의 논문이 있습니다. '대가야천국고'와 '정인홍공약전'이지요. 그러나 이것들은 이 아우와 함께 땅속에 묻히게 되고 말지 모릅니다…….

강한 의지력으로 하루하루를 버텼다. 하지만 사방이 틀어 막힌 현실은 끊임없이 몸부림치고 비통에 잠기게 했다. 신채호는 날로 초췌해졌다. 오랜 감옥 생활과 끝없는 번민 속에서 건강은 차츰 악화되었다. 날씨마저 그를 괴롭혔다. 살인적인 추위가 사정없이 감방으로 파고들었다. 차디찬 맨바닥에 그를 가릴 것은 얄팍한 다다미 몇 장뿐이었다. 병약한 신채호는 추위를 견딜 수 없었다. 그는 망설이다 부인에게 편지를 썼다. 조선옷에 솜을 많이 넣어 두툼하게 만든 옷을 보내 달라는 사연을 담았다.

서울에 있는 부인은 옷 한 벌 지을 형편이 못 되었다. 한 달이면 아궁이에 불 때는 날이 4, 5일 될까 말까 했으니, 그저 발만 동동거릴 뿐이었다.

집안 사정을 전해 들은 신채호는 가슴이 미어졌다. 그는 다시 편지를 냈다.

부인, ……내 걱정은 마시고 부디 수범 형제를 데리고 잘 지내시오. 하지만 정 할 수 없거든 고아원으로 보내시오…….

이를 질끈 물고 바랜 종이를 메우는 동안, 북풍은 감방을 마음대로 넘나들었다. 하지만 그는 이제 감각이 없었다. 다만, 독립에 뜻을 둔 장부로서 마음껏 활동하지 못했고, 가정도 돌보지 않았다는 괴로움이 가슴 저릴 따름이었다.

19. 죽어서도 묻힐 곤 없어라

어느덧 1935년에 접어들고 있었다.

신채호의 옥중 생활은 8년에 이르렀다. 그런데 이제 더는 정신력으로 시간을 유지할 수 없었다. 오랜 병마에 시달린 그는 도저히 회복하기 어려운 지경에 이르고 말았다.

뤼순 형무소 측에서는 신채호가 옥에서 사망한 뒤에 올 사회적 여론을 꺼렸다. 그래서 누군가 맡아서 보호해 줄 사람이 있으면 출감시키겠다고 통고했다. 고국의 친지들은 급히 서둘렀다. 수소문 끝에, 신채호의 옛 친구이며 일가벌이 되는 부호가 나서기로 했다.

급기야, 신채호가 세상 빛을 볼 수 있는 찰나였다.

"싫소이다."

소식에 접한 신채호는 한마디로 거절했다.

"그는 친일파로 알려진 사람이오. 친일파에게 날 맡길 수는 없소."

죽음과 막판 줄다리기를 하면서도 그는 신념을 지켰다. 생명의 등불이 꺼져 가는 마지막 순간까지 대의와 지조를 꺾고 타협할 수는 없다는 것이다.

병은 시간을 따라 빠르게 짙어졌다. 고질적인 안질 탓으로 눈도 거의 보이지 않았다. 그는 작업도 면제받고 독방에서 누워 지냈다.

'조선 역사책을 완성하지 못한 것이 무엇보다 한이노라……'

신채호는 혼미해지는 의식 속에서 열에 들떠 중얼거렸다. 결코 자신의 삶을 후회하지는 않았다. 그래서 몰래 신채호를 만나러 온 젊은 독립 운동가에게 자신 있게 말할 수 있었다. '밝은 세상에 나가면 부디 큰일을 계속하시오.' 라고.

신채호 뇌일혈, 의식 불명, 생명 위독.

형무소에서 친 전보 한 통이 서울 인사동으로 날아들었다.

차디찬 감옥에서 병으로 신음하던 신채호가 결국 1936년 2월 18일에 쓰러진 것이었다.

부인은 그 자리에 털썩 주저앉아 목놓아 울었다. 그러다가 넋 잃은 사람처럼 절망과 슬픔 속에 잠기고 말았다. 그런 중에도 종로 경찰서에서 형사 둘이 다녀갔다.

큰아들 수범은 한성사범학교 1학년. 겨우 세상살이에 눈떴다고는 하나 아직 철부지였다. 하지만 수범은 정체가 불투명한 것이 뭉게뭉게 피어나는 것 같은 불길함을 느꼈다. 얼마 전 감옥 책임자로부터 받은 서신이 눈앞에서 지워지지 않는 것이다.

"형 만료는 1937년 10월 17일, 현재는 일상 생활에 이상이 없으며 건강도 양호하다."

분명 별일이 없다고 했다. 그런데 갑자기 뇌일혈이라니. 수범은 아무래도 의심을 떨칠 수가 없었다.

전보 소식이 신석우를 통해 각 신문사에 전해졌다. 그리고 뤼순으로 가족과 함께 갈 인솔자를 정하고, 장례 문제 등도 의논되었다.

전보가 온 다음 날, 2월 19일 오후 3시경. 인솔자인 서세충과 부인, 아들 수범은 북으로 가는 열차에 몸을 실었다. 일본 형사들은 예외 없이 바짝 따라붙었다.

그들이 뤼순 역에 도착한 것은 20일 밤이었다. 서세충은 곧장 감옥으로 전화를 했지만 헛일이었다. 결국 면회가 이루어진 것은 다음 날인 21일 오후 3시 10분경이었다. 형무소에 도착한 것은 아침이었는데 면회 절차가 까다로워서 시간을 끈 것이었다.

"울음을 터트리면 축출할 거다, 알았는가?"

비극적인 만남은 울음소리를 내지 말라는 조건을 달고서야 겨우 이루어졌다. 감옥 책임자와 의사, 간수들이 면회에 동행했다.

"아버님!"

감방에 들어서자마자 부인과 아들 수범이 쓰러져 오열했다.

소리 내어 울 수도 없는 가족의 만남. 불기라고는 조금도 없는 차디찬 시멘트 바닥 다다미 위에 신채호는 죽은 듯 누워 있었다.

"눈 좀 떠 보세요. 저희 왔어요. 아버님이 15년이나 그리던 어머니와 아들이 옆에 있어요!"

신채호의 몸은 푸르뎅뎅한 채 미동도 하지 않았다. 그의 모습은 엄숙하리만큼 창백했다. 잠자고 있는 것인지, 아니면 이미 죽음을 넘어선 것인지 알 수 없을 정도였다.

낮은 흐느낌만이 들릴 듯 말 듯한 가운데 의사가 청진기를 대어 보고 맥박을 쟀다.

"가망이 있나요?"

의사는 고개를 설레설레 저었다.

"그러면 앞으로의 시간은 얼마나……."

의사는 잠시 대답을 망설이며 생각하는 눈치더니 전혀 감정이 없는 목소리로 말했다.

"앞으로 한두 시간 정도일까, 기껏 좋아야 오늘 자정을 못 넘길 것이오."

가족들은 슬픔을 가눌 길이 없었다. 그러나 간수들은 냉혹했다.

"면회 시간이 다 되었으니 나가시오."

임종을 맞고 있는 신채호를 혼자 놔두고 당장 가라는 것이었다. 부인과 서세충은 깜짝 놀라 눈물 바람으로 매달렸다.

"운명이 얼마 남지 않았다는데 마지막을 지키게 해 주세요."

"안 된다고 하지 않았나."

"조금만, 두 시간만이라도 있게 해 주세요. 아니 한 시간만이라도……."

"일어나시오. 규칙을 어길 수 없소."

간수들은 가족의 처절한 호소를 뿌리쳤다. 그들 세 사람은 결국 강제로 그곳에서 쫓겨나고 말았다.

그들이 밖으로 밀려난 지 1시간 후, 신채호는 세상을 떠났다.

한 시대의 어둠을 자신의 몸으로 사르던 신채호. 오랜 세월 동안 줄곧 가장을 기다려 온 가족들에게 한 마디 말도 없이, 그는 홀로 죽음을 맞이했다.

1936년 2월 21일 오후 4시 20분. 그의 나이 57세였다.

밤도 깊어가나 봅니다.

우리 몇 식구가 깃들인 이 작은 방은 좁고 거친 문창이 달빛에 밝게 물들여졌습니다. 수범이, 두범이도 다 잠이 들었소이다. 아까까지 내가 울면 따라 울더니만 이젠 다 잊어버리고 평화로운 꿈세상에서 숨소리만 쌔근쌔근 높이고 있습니다.

나는 당신이 남겨 놓고 가신, 육체와 영혼에서 완전히 풀려난, 비참한 잔뼈 몇 개를 집어넣은 궤짝을 부둥켜안고 마음 둘 곳 없어 합니다.

작은 궤짝은 무서움도 모르고 피로움도 모르고 싸늘한 채로 침묵을 지키고 있습니다. 당신은 뜻을 못 이루고는 영원히 돌아오지 않는다고 하시더니, 왜 이렇게 못난 주제로 내게 오셨습니까? 바쁘신 가운데서도 어린것들을 유난스레 귀중해 하시고, 소매동냥이라도 해서 이것들을 가르친다고 하시던 말씀은 잊으셨습니까?

분하고 원통하지 않으십니까? 당신의 원통한 고혼은 지금 이국의 광야에서 무엇을 부르짖으며 헤매나이까? 나는 불쌍한 당신의 혼이나마 부처님 품속에 편안히 쉬도록 하고자 이 밤이 밝으면 아이들을 데리고 동대문 밖 지장암에 가서 마음껏 정성 들여 애원하겠나이다.

서울, 인사동의 좁은 방에서 부인은 밤을 지새웠다. 유골을 담은 오동나무 상자를 끌어안은 채, 울다가 흐느끼다가 또 울었다.

"생전에 조국 광복을 못 볼진대, 왜놈들의 발끝에 채이지 않게 유골을 화장하여 바다에 띄워 달라."

평소 그렇게 당부했던 신채호였다. 하지만 후일을 위해 부인은 그의 유골을 고국으로 모셔 온 것이었다.

그런데 곤란한 문제가 생겼다. 유골이 묻힐 땅이 없는 것이었다. 일본 당국은 매장 허가를 내주지 않았다. 신채호가 합방 전에 일찍 망명했기 때문에 호적이 없다는 핑계를 대었다.

매장은 결국 비밀리에 치러질 수밖에 없었다. 그나마 종친 한 사람이 면장직을 맡고 있어서 가능한 일이었다.

묘소는 충북 청주군 낭성면 귀래리 고두미 마을의 옛 집터. 어린 신채호가 허기진 배를 움켜 안고 별을 보며 꿈을 키우던 고향이었다.

오직 하나의 사랑 조국, 신채호는 그 땅에 한줌 흙으로 보태졌다.